들리는
하나님의
음성

들리는 하나님의 음성

첫판 1쇄 2021년 1월 20일

지은이 전두승
발행인 전두승
디자인 한영애
본　문 김은옥
펴낸곳 하리운출판사

출판등록 제386-251002019000024호

주소 경기도 부천시 소사구 188
홈페이지 www.hariun.com
유튜브 하리운 TV
전자우편 globaldm2030@yahoo.com

ISBN 979-11-972876-0-2　03230

이 도서의 국립중앙도서관 출판예정도서목록(CIP)은 서지정보유통지원시스템 홈페이지(seoji.nl.go.kr)와 국가자료공동목록시스템(www.nl.go.kr/kolisnet)에서 이용하실 수 있습니다(CIP제어번호: CIP2020054543).

높은 삶으로의 부르심

들리는
하나님의
음성

전두승 지음

하리운

이 책을 오랜 시간 힘든 영적 여정을
기도와 사역으로 함께한 아내 사라와
세 딸 혜진, 현진, 하영에게 바칩니다.

나는 고등학교 3학년 때 성령세례를 받았다. 그러나 수십 년 동안 신앙생활을 하면서 기억될 만한 영적인 꿈과 환상은 서너 번 정도이고, 성령의 감동을 받은 적은 종종 있지만, 하나님의 음성을 들은 경험은 거의 없다. 1985년 네팔에 있을 때, 불현듯이 나를 사로잡았던 나의 앞날에 대해 들었던 음성이 하나님의 음성에 가장 가까운 것 같다. 나의 마음과 영 깊은 곳에서는 오랫동안 하나님의 음성을 듣고자 하는 갈망이 있었다.

오늘날 많은 신학자와 목회자들이 성경이 기록된 후에는 하나님께서 더는 말씀하시지 않는다고 가르친다. 그들은 오직 기록된 말씀만을 통해서 말씀하신다고 주장한다. 그리고 하나님의 음성을 듣는다고 하면 신학적으로 성경적으로 문제가 있는 것처럼 치부하기도 한다.

왜 말씀하시지 않는 하나님께 기도하는가? 지금도 우리의 기도를 들으시는 하나님이라고 하면서 말씀하시지 않는다는 것은 역설이다.

예수 그리스도는 어제나 오늘이나 영원토록 동일하시다(히 13:8).

하나님은 오늘도 말씀하신다. 기록된 하나님의 말씀인 성경을 바꾸거나 더하는 계시가 아니라, 성령께서 가르치시고 진리로 인도하시고, 장래 일을 알게 하시는 목자이신 주님께서 양을 인도하는 음성으로 말이다. 그리고 날마다 성경을 읽고, 기도하면서도 하나님의 음성을 듣지 못하는 것은 성경적이지 않다.

하나님은 어제나 오늘이나 로고스(기록된) 음성과 레마(들리는) 음성으로 하나님의 자녀들과 교제하기 원하신다. 로고스 음성은 성경과 설교를 통해 듣는 말씀이고, 레마 음성은 들리는 성령의 음성이다. 예수님께서 요한복음 14장 26절에서 "보혜사 곧 아버지께서 내 이름으로 보내실 성령 그가 너희에게 모든 것을 가르치고 내가 너희에게 말한 모든 것을 생각나게 하리라"고 말씀하셨다. 16장 13절에서는 "그러나 진리의 성령이 오시면 그가 너희를 모든 진리 가운데로 인도하시리니 그가 스스로 말하지 않고 오직 들은 것을

말하며 장래 일을 너희에게 알리시리라"고 하셨다. 이처럼 레마 음
성은 기록된 성경 말씀일지라도 성령께서 적절한 때와 형편에 맞
게 들려주시는 개인을 위한 격려와 인도와 가르침이고, 항상 '지금
의 말씀(Now Word)'이다.

사도들은 성령의 인도를 받았다. 사도행전 16장 6-10절에 성령
이 바울 사도에게 아시아에서 복음을 전하지 못하게 하시고 유럽
지역인 마게도냐로 가게 하셨다. 사도행전 27장에는 바울이 탄 배
가 유라굴로 광풍을 만나 죽게 되었을 때, 밤에 하나님의 사자가
나타나서 그와 함께 배에 탄 모든 사람이 죽지 않으리라는 말씀을
전하였다. 이처럼 위기 가운데 '지금의 말씀'인 성령의 음성이 들리
면 두려움을 이기고 하나님을 신뢰할 수 있다.

하나님은 오늘도 성령의 내적 음성과 지식의 말씀, 꿈, 환상, 천
사의 방문, 실제로 귀에 들리는 음성 등을 통해 말씀하신다. 하나
님의 음성은 주님과의 깊고 친밀한 교제를 전제로 한다. 모세는 왕
궁과 광야에서 듣지 못했던 음성을 호렙 산에서 처음 들었다. "여
호와의 산에 오를 자가 누구며 그의 거룩한 곳에 설 자가 누구인
가"(시 24:3)라는 말씀처럼 산은 거룩한 곳을 상징한다. 시편 25편
14절은 "여호와의 친밀하심이 그를 경외하는 자들에게 있음이여
그의 언약을 그들에게 보이시리로다"라고 말한다. 정결함과 거룩
함을 추구하는 친밀함이 레마 음성을 듣는 지름길임을 보여 주는

말씀이다. 하나님 음성은 높은 삶으로의 부르심이다.

주 여호와는 나의 힘이시라 나의 발을 사슴과 같게 하사 나를 나의
높은 곳으로 다니게 하시리로다(합 3:19).

높은 삶으로의 부르심을 받은 모든 그리스도인이 육체의 법을
거부하는 것은 소극적인 자세이고, 거룩함을 추구하는 것은 적극
적인 자세다.

이 책은 성령세례를 받은 지 33년 만에 임한 정결하게 하는 하나님
의 불 세례와("그는 성령과 불로 너희에게 세례를 베푸실 것이요" _마 3:11),
하나님의 영광을("여호와의 영광 곧 우리 하나님의 아름다움을 보리로다"
_사 35:2) 체험한 후부터 4년 반 동안에는 매일 세 번씩, 10여 년 동
안 오천 번도 넘는 꿈과 환상, 그리고 다양한 방법으로 들려온 하
나님의 음성과 순종을 통해 터득한 개인적 믿음의 결과물을 기록
한 영적 일기다.

개인적인 체험이지만 나의 생각에서 나온 것이 아닌, 주님과의
영적 친밀함을 추구하는 가운데서 들려진 하나님의 음성임을 독자
들이 알아주었으면 좋겠다. 그리고 성경적 근거를 최대한 제공해
서 이미 하나님의 음성을 듣고 있지만 확신이 없거나 듣기를 간절
히 사모하는 사람들에게 도움이 되기를 바라는 마음을 담았다. 또

한 하나님의 음성에 친숙하고 예언적 단계에서 오랫동안 계시적으로 인도받은 외국의 여러 영적 지도자들의 글에서도 좋은 교훈을 얻었음을 밝힌다.

주님은 "내 양은 내 음성을 들으며 나는 그들을 알며 그들은 나를 따르느니라"(요 10:27)고 말씀하셨다. 들리는 하나님의 음성은 하나님의 양인 우리가 그분의 음성을 듣고 따르며 그분의 거룩함과 영광의 높은 영역으로 인도하는 영적 이정표다.

이 글을 읽는 모든 그리스도인이 목자이신 주님의 음성을 듣고 하나님의 영광과 그분의 아름다움을 날마다 체험하고 영적 변화를 경험하게 되기를 간절히 소망하고 기도한다.

캘리포니아의 부흥과 한국 교회의 회복을 소망하며
2016년 새해에

전두승 목사

차례

신앙의 승리

신앙의 승리

—

신앙의 승리는 고난과 역경 중에 하나님을 높이고 하나님의 위대하심을 인정하고 도우심을 확신하는 데 있다.

내가 전심으로 주께 감사하며 신들 앞에서 주께 찬송하리이다(시 138:1).

내가 환난 중에 다닐지라도 주께서 나를 살아나게 하시고 주의 손을 펴사 내 원수들의 분노를 막으시며 주의 오른손이 나를 구원하시리이다 여호와께서 나를 위하여 보상해 주시리이다 여호와여 주의 인자하심이 영원하오니 주의 손으로 지으신 것을 버리지 마옵소서(7-8절).

우리는 환난 중에도 믿음과 확신을 가지고 전심으로 감사하며 주님을 찬송해야 한다. 주님께서 나와 관련된 모든 것을 완전하게 하실 것을 믿고 기다리면 때가 이르면 이루어 주실 것이다. 그리고 나를 위한 그분의 목적을 성취하실 것이다. 나를 통해 이루고자 하시는 하나님의 뜻과 계획을 온 마음으로 믿자. 그분은 공의로우시고 공평하시고 모든 것을 알고 계신다. 나를 도우시고, 새롭게 하시고, 살리시고, 구원하시는 하나님이시다. 나는 하나님을 높이고 그분의 이름과 임재와 성품을 노래할 것이다. 하나님의 성실하심과 위대하심을 인정함으로 하나님의 역사를 선포할 것이다. 하나님의 도우심을 확신함으로 주님의 역사하심을 의심 없이 체험할 것이다. (낙심될 때는 시편을, 미래에 대한 소망을 갖고자 할 때는 이사야서를 읽으면 도움이 된다.)

하나님의 음성을 분명하고 지속적으로 듣는 방법을 알게 되면 당신의 삶은 변화될 것이다. 삶의 변화는 우리의 잘못된 부분을 고치고, 우리와 새롭고 친밀한 관계를 세워 나가기 위함이시다. 하나님의 음성을 듣기 위해 우리에게는 기다림이라는 시간이 요구된다.

하나님과 그분의 음성을 기다리는 것은 열매로 자라날 모든 것의 씨앗이다. 연단은 힘을 기르는 시간이다. 아무도 알아주지 않는 하나님의 지도자 훈련기간이 끝나면, 그분께서 세워주실 것이다. 높이는 것이 동이나 서에서 말미암지 않고, 사람에게서도 말미암지 않고, 오직 하나님께서 주시는 것임을 믿고 기다리는 것은 견고하고 넓은 장소로 옮겨질 큰 축복이다. 하나님은 실망시키지 않으시고 내가 생각지도 못한 엄청난 일까지 맡기실 것이다. 하나님께서 주신 모든 꿈과 비전은 내가 포기하지 않는 한 반드시 이루어진다. 그래서 오늘도 우리는 하나님을 의지해야 한다.

하나님의 꿈과 비전이 있는 사람은 강력하다. 세상은 그를 멈추지 못할 것이다. 하나님은 정한 때에 오신다는 것을 기억하고 낙심하지 말고 기대하며 신뢰하자. 때때로 두려움이 엄습해 올지라도 믿음의 산꼭대기까지 올라가야 한다.

여호와의 산에 오를 자가 누구며 그의 거룩한 곳에 설 자가 누구인가 곧 손이 깨끗하며 마음이 청결하며 뜻을 허탄한 데에 두지 아니하며 거짓 맹세하지 아니하는 자로다 그는 여호와께 복을 받고 구원의 하나님께 의를 얻으리니 이는 여호와를 찾는 족속이요 야곱의 하나님의 얼굴을 구하는 자로다(시 24:3-6).

"높은 곳으로 올라오라. 산꼭대기까지 올라오라!" "내 아들아, 거룩한 곳에 서라. 내가 너를 쓸 것이다." 신앙의 승리는 어려운 상황 속에서도 찬양하는 입술과 감사하는 마음과 평안 중에 하나님의 약속을 신뢰하고 끝까지 기대하는 데 있다.

우리 주 예수 그리스도로 말미암아 우리에게 승리를 주시는 하나님께 감사하노니 그러므로 내 사랑하는 형제들아 견실하며 흔들리지 말고 항상 주의 일에 더욱 힘쓰는 자들이 되라 이는 너희 수고가 주 안에서 헛되지 않은 줄 앎이라(고전 15:57-58).

나의 야망인가, 참된 믿음인가?
—

야망은 '앞날에 큰일을 이루고자 하는 소망'이다. 그리스도인에게 믿음이 배제된 야망은 자신의 욕심을 이루기 위함이고, 야망이 성취되었을 때 자기 성취감과 교만에 이를 수 있다. 프랜시스 프랜지팬은 "야망이 분명한 겸손과 순종에 의해 인도되는 한 잘못이라고 생각하지 않는다. 영적 야망 없이 영적 성숙은 불가능하기 때문이다"라고 하였다. 우리의 야망이 하나님 나라를 위한 것이라면, 궁극적으로 우리 삶의 목적이며 사명이 된다.

그러나 믿음이 배제된 야망은 하나님의 약속을 우리의 힘으로 성취하려는 시도다. 믿음의 조상 아브라함도 끝까지 인내하지 못해 하나님의 약속을 자신의 방법으로 성취하기 위해 애굽 여자 하갈을 통해 이스마엘을 낳았다. 이스마엘 후손은 약속의 후손에게 지속적인 분쟁의 씨앗이 되었다.

그가 사람 중에 들나귀 같이 되리니 그의 손이 모든 사람을 치겠고 모든 사람의 손이 그를 칠지며 그가 모든 형제와 대항해서 살리라 하니라(창 16:12).

이처럼 하나님으로부터 온 야망도 절제하지 못하면 분쟁을 유발할 수 있다. 그래서 프랜시스 프랜지팬은 "야망이 하나님의 시간을 앞서 나가기 시작할 때, 사람들 안에서 분쟁을 유발할 것이다. 이런 야망은 열릴 만한 문들이 존재하지 않을 때 그것을 만들려고 시도한다. 종교적인 야망을 치유하는 한 가지 방법은 바로 야망을 죽이는 것이다"라고 했다.

하나님으로부터 온 야망을 온전히 성취하기 위해 우리에게 필요한 것은 참된 믿음이다. 참된 믿음은 하나님의 신실하심과 성실함 안에 거하는 것이다. 믿음의 사람은 하나님의 부르심과 약속의 성취를 신뢰한다. 그러므로 참된 믿음은 약속된 것을 보지 못했을지라도 하나님 안에서 안식하는 것이다. 노력이 아니라 안식이다. 아브라함은 하나님께서 "약속하신 그것을 또한 능히 이루실 줄을 확신"(롬 4:21)하는 믿음 안에서 안식했다.

또한 참된 믿음은 인내를 포함한다. 모든 믿음의 사람은 하나님의 약속을 받기까지 하나님을 신뢰하며 끝까지 기다리는 데 성공한 자들이다. 아브라함의 실수에도 불구하고 성경은 아브라함이 오래 참아 약속을 받았다고 하였다. "그가 이같이 오래 참아 약속을 받았느니라"(히 6:15). 성경은 하나님께서 쓰신 사람들은 오랜 시간을 통해 준비되었다고 말한다. 하나님의 부르심과 시간은 그분에게 속한 것이다.

나의 의인은 믿음으로 말미암아 살리라 또한 뒤로 물러가면 내 마음이 그를 기뻐하지 아니하리라 하셨느니라(히 10:38).

야망의 죽음

—

하나님의 약속과 그 약속의 성취에는 인내와 야망의 죽음이 있다. 예언적 비전이 하나님으로부터 왔을지라도 그 비전을 내가 성취하려는 것은 내 야망이 죽지 못했다는 증거다. 야망은 영적으로 미성숙함 가운데서 일어나는 첫 번째 동기다. 야망을 죽음으로 내몰아야 하는 것을 깨닫지 못한 사람들이 하나님의 뜻을 자신의 힘으로 성취할 수 있다고 착각하고 실패를 경험할 때까지 열정을 불태운다. 영적 성숙의 과정에서 최대의 적은 바로 자기 자신이라는 사실을 깨닫는 것만큼 중요한 것은 없다.

결과적으로 야망이 있는 곳에 "혼란과 모든 악한 일"(약 3:16)

이 있다. 야망은 하나님께서는 아직도 우리의 내면을 빚어가기 원하시는데, 우리는 하나님의 일을 위해 준비되었다고 생각하는 영적 무지이고, 자만에서 비롯되는 그릇된 집념이다. 하나님의 명령을 받고 단숨에 그것을 수행하는 것은 오히려 힘들지 않을 수 있다. 약속을 받고 하나님의 때를 기다리는 동안 필연적으로 요구되는 오랜 신뢰와 인내의 단계를 거치지 않아도 되기 때문이다. 그러므로 야망을 십자가에 못 박아 죽이고 하나님의 약속이 성취될 때까지 기다릴 수 있는 사람은 진실로 하나님을 신뢰하는 신실한 사람이다.

하나님의 말씀을 끝까지 믿고 인내하는 사람은 약속이 성취될 때, 영적으로 더욱 성숙해지고 하나님과 한층 더 가까워진 자신을 발견하고 기쁨이 넘칠 것이다. 하나님께서 그분의 일을 나를 통해 성취하시기 전에 먼저 내 안에 하나님의 성품이 빚어지기 원하신다는 것을 아는 사람은 하나님의 새로운 역사를 위해 준비된 사람이다. 그래서 하나님을 위해 준비되는 것이, 하나님을 위해 내가 무엇을 하는 것보다 더 중요하다. 하나님께서 우리에게 맡기시는 사역은 그분의 일을 성취하기 위한 부르심 이전에 나의 죽음을 위한 부르심이기 때문이다.

수년 전에 온몸과 핏줄 속까지 불이 임해 "주님, 뜨거워 죽겠어요"라고 부르짖었을 때, "죽어라…!"는 음성을 들었다. 그때는 그 음성의 의미를 제대로 헤아리지 못했다. 그만큼 야망과 자아의 죽음이 생각만큼 쉽지 않았기 때문이다. 약속의 성취와 야망의 죽음 사이에서 분명하게 말할 수 있는 것은, 그동안 나를 영적 성숙으로 이끈 모든 것은 먼저 내 자아의 죽음이 전제되었다는 것이다. 진실로 세상적 야망의 죽음은 약속의 성취로 나아가는 필연적 단계다. 또한 주와 함께 나를 십자가에 못 박는 것이며 그분과 연합하는 영적 성숙의 지름길이다.

내가 그리스도와 함께 십자가에 못 박혔나니 그런즉 이제는 내가 사는 것이 아니요 오직 내 안에 그리스도께서 사시는 것이라 이제 내가 육체 가운데 사는 것은 나를 사랑하사 나를 위하여 자기 자신을 버리신 하나님의 아들을 믿는 믿음 안에서 사는 것이라(갈 2:20).

자기 부인
—

주님께서는 "누구든지 나를 따라오려거든 자기를 부인하라"(마 16:24)고 하셨다. 주님을 따르는 길은 자기를 포기하는 훈련이다. 매일 매 순간 우리는 하나님의 뜻을 따르기 위해 나의 뜻을 포기하는 연습을 해야 한다.

잔느 귀용은 "포기는 영적인 필요까지 포함하며 모든 것을 내려놓는 것이다. 자기를 부인하고 자기 의지를 포기하는 연습을 계속할 때 우리의 마음은 비로소 참된 자유와 평화를 맛볼 수 있을 것이다. 포기는 스스로에게 완전히 무관심해지는 경지에까지 이르러야 한다. 이는 나의 욕망을 거부하고 나의 의지를 주님의 의지 안에 굴복시키는 것이다. 그렇게 할 때 우리의 의지는 우리로부터 완전히 자유하며 하나님의 의지에 접붙임을 받게 되는 것이다. 그때 비로소 하나님께서 영원 전부터 계획하신 우리를 향한 하나님의 목적을 이루어 드릴 수가 있다"라고 말했다.

철저한 자발적 포기다. 이 포기를 위해서 주님 안에 머물고 안식을 배우는 과정이 요구된다. 머묾과 안식과 기다림의 관문을 거쳐야 비로소 "내 원대로 마옵시고 아버지의 원대로 되기 원합니다"라는 고백이 나오기 때문이다. 우리가 진정으로 주님 안에 머물고 안식을 배우고 기다리며 찾을 때, 그분의 주인 되심을 인정하게 되고 음성을 들을 수 있다.

잔느 귀용은 "우리가 주님을 알고 주님과의 더욱 깊은 교제로 들어가기 위해서는 삶의 모든 영역에서 포기를 알기 위해 더욱 더 힘써야 한다. 우리는 우리의 삶과 시간을 내가 다루는 것이 아니라 주님에 의해 이끌림을 받고 다루어질 수 있도록 자신을 주님께 내어 맡기는 훈련을 게을리 하면 안 된다. 그리고 자신을 내어 맡김으로서 주님을 경험하는 내적인 삶에서, 모든 환경이 주님으로 부터 왔다는 사실을 받아들이는 외적인 삶에서 주님이 기뻐하시는 대로 우리의 삶을 인도해 가실 수 있도록 허락해야 할 것이다"라고 삶에서 터득한 진정한 포기를 피력하였다.

어느 날 아침, '내 삶 전부를 드려'라는 영적 발성을 경험하였다. 그리고 그 응답으로 묵상기도 중 환상 가운데 테이블이 보였다. 그 순간 나의 모든 것을 두 손으로 밀어 놓으며 '올 인(All in)'이라고 온 마음으로 고백했다.

지금은 자원하여 자신의 삶을 송두리째 주님께 맡기는 신앙의 결단이 필요한 때다. 이는 자기 부인을 위한 지속적인 포기 연습을 통해서만 성취할 수 있다.

이에 예수께서 제자들에게 이르시되 누구든지 나를 따라오려거든 자기를 부인하고 자기 십자가를 지고 나를 따를 것이니라(마 16:24).

무너짐과 세우심

—

하나님의 새 역사를 위한 관점에서 무너짐은 내려놓음보다 강도 높은 준비 과정이다. 내려놓음은 자신의 유익보다 하나님 나라의 유익을 좇는 포기와 희생의 자발적 선택이다. 더 좋은 길이 있음에도 그 길을 포기하고 하나님 나라와 그분의 영광을 위해 고난의 길을 선택하는 것이다.

성경에 나타난 믿음의 사람들에게서 내려놓음의 전형을 볼 수 있다. 아브라함은 하나님의 부르심을 받고 순종함으로 본토 친척 아비 집을 떠났다. 모세는 바로의 공주의 아들이라는 신분을 내려놓고 자기 백성과 함께 고난받는 길을 선택했다. 예수님의 제자들은 가족과 직업을 내려놓고 예수님을 따랐다. 주님의 제자 된 사람은 반드시 내려놓음의 과정을 통과해야 한다.

주님께서 제자들에게 "누구든지 나를 따라오려거든 자기를 부인하고 자기 십자가를 지고 나를 따를 것이니라"(마 16:24)고 말씀하셨다. 자기 부인이 곧 내려놓음이다. 그러므로 주님을 따르는 제자에게 내려놓음은 새삼스러운 것이 아니라 당연한 것이다. 내려놓지 않고 진정으로 주님을 따를 수 없기 때문이다.

무너짐은 자기 부인을 넘어서서 자기 죽음을 경험하는 것이다. 무너져야 세워진다. 10년 만에 한국을 방문했을 때, 눈에 띄게 발전된 모습을 보았다. 그중에서도 동네마다 고층 아파트로 변한 부산의 모습에 내심 많이 놀랐다. 수백 세대가 살던 5층 주공아파트 단지가 35층 아파트로 변하면서 수천 세대가 사는 곳으로 변해 있었다. 이전 모습은 사라지고 새로운 주차장과 현대식 초고층 아파트가 세워졌다. 변화하기 위해서는 옛 아파트 건물이 무너지고 사라져야만 한다. 옛 건물의 구조변경 정도가 아니라 완전히 무너지고 사라져야 한다.

바울은 내려놓음이 아니라 무너짐을 경험했다. "사울이 길을 가다가 다메섹에 가까이 이르더니 홀연히 하늘로부터 빛이 그를 둘러 비추는지라 땅에 엎드러져 들으매 소리가 있어 이르시되 사울아 사울아 네가 어찌하여 나를 박해하느냐 하시거늘"(행 9:3-4). 무너짐은 하나님의 묵직한 임재와 불세례로 인한 죽음의 경험이다. 이사야 선지자도 하나님의 보좌와 제단 불을 경험하면서 "화로다 나여 망하게 되었도다"(사 6:5)라고 고백하였다. 무너짐은 세우심을 위한 하나님의 새 시대 새 역사다.

'무너짐과 죽어라'는 주님의 음성을 경험한 후, 아름다운 하나님의 영광과 함께 '내가 사람을 세운다'는 음성을 들었다. 빌딩의 무너짐은 순간이지만, 폐기물을 치우는 시간이 필요하고, 새 건물을 세우는 데는 더 긴 시간이 요구된다. 하나님께서는 시대적인 하나님의 역사를 위해 사람을 세우시고 계신다.

형제들아 내가 그리스도 예수 우리 주 안에서 가진 바 너희에 대한 나의 자랑을 두고 단언하노니 나는 날마다 죽노라(고전 15:31).

나의 원대로 마옵소서

우리 모두에게는 바라는 소원이 하나씩은 있다. 그 소원은 매우 소중하고 간절하다. 마음의 소원이 이루어지지 않을 때 자기 학대와 분쟁과 불의와 남을 해하는 행동이 나타나기도 한다. 국가들의 전쟁, 단체들의 문제, 개인들 간의 문제가 모두 마음의 소원대로 되지 않을 때 알력과 싸움이 일어나는 것이다.

가인은 동생 아벨을 죽였다. 자기가 드린 제사를 하나님께서 받으실 줄 알았는데 받지 않으시자 자기 뜻대로 되지 않는 것에 대한 원한을 동생에게 푼 것이다. 하와가 선악을 알게 하는 열매를 따먹은 것도 하나님의 뜻보다 자기 원대로 행동한 것이다. 한국 교회 안에서 일어나는 분쟁이 도시의 대교회들 안에서 시작되어 지금은 중소도시 뿐 아니라 시골 읍, 면 단위의 교회들까지도 분쟁에 휩싸이는 것은 그리스도의 몸으로서 하나 된 소원, 하나 된 뜻보다는 나의 뜻, 나의 원대로 되기를 바라는 타락한 본성이 살아나고 있기 때문이다.

주님은 십자가에서의 죽음을 앞두시고 겟세마네 동산에서 "나의 원대로 마옵시고 아버지의 원대로 하옵소서"라고 기도하셨다. 그리스도인들 중에 "나의 원대로 마옵소서"라고 기도하는 사람이 얼마나 있을까? "나의 원대로 마옵소서, 내 뜻을 주님 앞에 내려놓게 하옵소서." 이 기도는 하나님 앞에서 너무나도 솔직한 기도요, 진정으로 주님의 뜻을 이루기 위한 자기 굴복과 희생을 전제한 기도다. 왜냐하면 우리 삶을 향한 하나님의 뜻을 이루기 위한 길에서, 넘어가야 할 고난과 희생 앞에서 우리의 영은 간절히 주님의 뜻을 따르기 원하지만, 우리의 본성은 그렇지 않기 때문이다.

우리의 마음은 영의 소원보다 육체의 소원을 따르기가 편하고 쉽다는 것을 주님도 아시고, 우리 스스로도 너무나 잘 알고 있다. 그래서 주님께서 자기를 위해 기도하라고 했지만, 자고 있는 세 제자에게 오셔서 "마음에는 원이로되 육신이 약하도다"(마 26:41)라고 하셨을 것이다. "나의 원대로 마옵소서"는 영과 육의 중간에 서 있는 우리의 혼적 생각을 파괴하는 기도요, 하나님의 영이 원하시고 우리의 영이 연합하는 우리 삶의 목적과 궁극적 사명에 대한 기도다. "나의 원대로 마옵소서"가 하나님의 소원에 대한 우리 영의 기도임을 체험하기를 진심으로 바란다.

조금 나아가사 얼굴을 땅에 대시고 엎드려 기도하여 이르시되 내 아버지여 만일 할 만하시거든 이 잔을 내게서 지나가게 하옵소서 그러나 나의 원대로 마시옵고 아버지의 원대로 하옵소서 하시고(마 26:39).

아버지의 원대로 하옵소서

—

예수님은 세상의 구원자로 오셨다. 예수는 "그가 자기 백성을 그들의 죄에서 구원할 자"(마 1:21)라는 뜻이다. 이는 이사야 선지자의 예언대로 모든 인류의 죄를 대신하여 찔리시고 채찍에 맞으시는 십자가의 죽음을 통해 성취되었다. 예수님은 최후의 만찬 자리에서 제자들에게 떡과 포도주를 나누어 주시면서 이것은 십자가에서 찢길 몸과 흘릴 피라고 말씀하셨다. 다시 말해 십자가 대속의 죽음이 자신의 사명이요, 이 세상에 보내신 하나님의 뜻을 행하는 것이라고 누차 말씀하셨을 뿐만 아니라, 하나님 아버지의 소원임을 아셨다. 그럼에도 불구하고 주님은 겟세마네 동산에서 그 마음이 심히 고민되고 슬퍼서 "내 아버지여 만일 할 만하시거든 이 잔을 내게서 지나가게 하옵소서"(마 26:39)라고 기도하셨다. 영은 아버지의 원대로 되기를 원하지만 육체를 가지신 주님의 마음은 심히 고통스러웠다는 것을 말해 준다.

예수님은 사역 초기에 세 가지 마귀의 시험을 이기셨다. 돌로 떡을 만들어 먹으라는 시험은 육신적인 시험이요, 성전 꼭대기에서 뛰어내리라는 시험은 혼적·정신적 시험이며, 높은 산꼭대기에서 천하만국의 영광을 보여 주며 자신에게 경배하라는 시험은 영적인 시험이었다. 이 시험을 이미 이기신 주님에게 십자가는 시험이 아니라, 하나님의 뜻에 순종하는 희생이요 결단이었다. 주님은 열두 영(한 영은 6,000명 정도의 로마 군대 조직이다)이나 더 되는 천사들을 동원하여 자신을 잡으러 온 군병들을 물리치실 수 있으셨다. 그런데도 잡히셔서 대제사장과 장로들 앞에서도, 빌라도의 법정에서도 한 마디도 말씀하시지 않으셨다. 그러므로 "아버지의 원대로 하옵소서"는 영으로는 십자가의 고난이 자신의 사명이고, 하나님의 뜻인 것을 알지만 마음으로는 심히 고민하신 주님의 최후 결단의 기도인 것이다.

만약 당신이 평소 확신하던 비전이나 하나님의 약속에 반하는 문제에 직면해서 고통스럽다면 주님처럼 "아버지의 원대로 하옵소서"라고 기도해야 할 때다. 이것을 시험으로 받아들이지 않고, 오직 자원하는 희생이라고 생각할 수 있는 사람이 "내 원대로 마옵시고 아버지의 원대로 되기를 원하나이다"의 기도를 드릴 수 있다. 이는 내 마음의 소원을 넘어서서 영의 소원을 따르는 기도요, 내 삶의 목적과 사명을 이루는 기도다. 또한 "그리 아니하실지라도"의 기도이며, "죽으면 죽으리이다"의 희생과 결단의 기도다.

이런 맥락에서 "내가 달려갈 길과 주 예수께 받은 사명 곧 하나님의 은혜의 복음을 증언하는 일을 마치려 함에는 나의 생명조차 조금도 귀한 것으로 여기지 아니하노라"(행 20:24)라는 바울 사도의 고백은 자신의 궁극적 소명, 하나님의 소원을 향한 희생과 결단의 선포다. 하나님 아버지의 소원인 세상 만민 구원은 예수 그리스도의 십자가의 죽음으로 성취되었으며, 빈 무덤은 십자가의 승리를 말해 준다. 예수님은 다시 사셨다. 죽어야 산다. 아버지의 원은 예수님을 죽음에서 살리시는 것이었다. "아버지의 원대로 하옵소서"의 기도는 하나님의 뜻을 이루는 기도다.

이르시되 아빠 아버지여 아버지께는 모든 것이 가능하오니 이 잔을 내게서 옮기시옵소서 그러나 나의 원대로 마시옵고 아버지의 원대로 하옵소서 하시고(막 14:36).

시험과 시련의 목적

—

시험과 시련은 영적 성장을 위한 믿음과 사랑의 뿌리다. 이는 우리를 위해 하나님께서 준비해 놓으신 강력한 삶의 목표 안으로 들어갈 수 있도록 우리의 성품과 진실성의 계발을 도와준다. 시험은 하나님께서 우리를 위해 작정하신 계획과 목표로 우리 삶의 균형을 잡아 준다. 승진의 목적과 축복, 하나님과의 친교가 우리의 삶속으로 들어오도록 주어졌다. 시련의 불은 우리 안에 정결함과 거룩함을 정련하여 하나님의 정결한 빛이 우리가 삶 안에서 행하는 모든 것을 비출 수 있게 한다. 시련은 은혜와 능력 안에서 우리 앞에 놓인 경주를 승리할 수 있도록 우리의 영적 근육을 계발하는 역할을 한다. 이처럼 시험과 시련을 통한 하나님의 계획은 우리에게 승리를 안겨주고, 지혜가 되고, 어두운 세상 속에서 빛을 전하는 말씀의 사람이 되게 한다.

우리가 시련 속에서도 믿음으로 행동할 때, 하나님의 소망을 우리 삶의 상황들 안으로 가져올 수 있다. 우리가 하나님의 크신 은혜와 믿음을 통해 극복해야 할 힘들고 어려운 도전은, 우리를 하나님의 마음에 가깝게 다가가도록 하고 큰 역사 안으로 이끌어 준다. 진실로 가시밭길 같은 오늘의 시련은 내일의 승리자로 준비시킬 것이다.

하나님은 태어나기 전부터 우리의 이름을 아시고, 우리 삶의 목적과 목표는 우리가 모태에서 잉태되기 전에 이미 확정되었다는 사실은 우리를 안심시킨다. 그러므로 삶의 목표는 우리가 만들어가는 것이 아니라 하나님께서 정해 놓으신 것을 찾아가는 것이다. 하나님의 말씀이 선포되면 반드시 성취된다. 우리가 포기하지 않는 한 그 누구도 우리 삶의 목표를 훔쳐갈 수 없다. 우리가 하나님이 작정하신 삶의 목표를 끝까지 붙들 때 우리에게 닥쳐오는 시련과 시험은 하나님의 영광을 이루는 도구가 될 것이다. 그러므로 시험과 시련에는 우리의 승진과 우리를 위해 더 좋은 것을 예비하신 목적이 있다.

그들은 잠시 자기의 뜻대로 우리를 징계하였거니와 오직 하나님
은 우리의 유익을 위하여 그의 거룩하심에 참여하게 하시느니라(히
12:10).

고립 : 하나님의 지도자 훈련
—

고독과 외로움은 믿음과 인내를 통해 영적 지도자가 되게 하는 하
나님의 방법이다. 고립은 하나님께서 한 시대의 지도자를 세우실
때, 그의 성결을 시험하기 위해 통과하게 하시는 리더십 계발의 필
수 과정이다(야곱 21년, 요셉 13년, 모세 40년, 바울 14년). 나의 길과 방
법을 내려놓고 하나님의 음성에 백 퍼센트 순종하는 걸음을 처음
내디뎠을 때 고립(Isolation)의 터널이 그렇게 길 줄은 생각지도 못했
다. "죄와 싸우되 아직 피 흘리기까지는 하지 않았다. 주님께 순종
하기 위해서 죽으면 죽으리라"는 결심으로 여기까지 오게 되었다.
더욱이 성령의 음성을 들으면서 깨닫게 된 것은 자원하여 고난과
외로움의 길을 선택했을지라도 그 길에서 하나님을 기뻐하고 그분
의 영광을 체험하는 방법을 발견하지 못하면 하나님께서 나중에

들어 쓰실 때, 지난날의 외로움이 독선과 날카로움이 될 수가 있다는 사실이다.

또한 외로움과 고립의 기간 중에 체념과 포기를 넘어서서 피할 길을 주님에게 발견하는 기쁨을 모른다면, 그것은 우리를 낙심과 절망으로 떨어뜨리는 도구가 될 것이다. 다윗은 사울의 칼날을 피해 도망하던 고립된 광야에서, 그의 잠자리였던 아둘람 동굴에서 주님께서 허락하신 생명의 길과 기쁨과 즐거움을 발견하고 이렇게 노래하였다.

주께서 생명의 길을 내게 보이시리니 주의 앞에는 충만한 기쁨이 있고 주의 오른쪽에는 영원한 즐거움이 있나이다(시 16:11).

기도의 사람 앤드류 머레이는 '고립'에 대해서 이렇게 말했다.

1. 하나님께서 나를 여기까지 인도하셨다. 내가 지금 이 장소에 있는 것이 하나님의 뜻 안에 있는 것이다. 그 사실로 나는 편안함을 누린다.
2. 하나님께서 그분의 사랑 안에서 이곳에서 지키실 것이고, 나로 하여금 그분의 자녀로 행동하도록 은혜를 주신다.
3. 결국에는 하나님께서 역경을 축복으로 바꾸실 것이고, 내가 배우

기 원하는 것을 가르치신다.

4. 하나님께서는 정하신 때에 나를 다시 나오게 할 것이다. 그 시기와 방법은 그분만이 아신다. 그래서 나는 말할 수 있다. 나는 여기에 하나님의 작정하심 속에 있고, 그분의 보호 아래 있으며, 훈련 가운데 때를 위하여, 나의 영적 성장을 위하여 있다. 그래서 나는 하나님을 사모하며 기다린다. 하나님과의 교제가 사역의 성공보다 귀하다.

고독과 외로움의 고립이라는 시간과 장소에 갇혀 있어도 이것을 하나님께서 허락하셨다면, 우리에게 영적 지도자로서의 필수 자질인 믿음과 인내를 선물로 주실 것이다. 잠잠히 하나님을 바라볼 뿐만 아니라 우리의 아둘람 굴(고립의 장소)을 감사와 찬송과 경배로 꾸미자. 하나님의 정하신 때에 하나님 운동의 선두주자로 나타나게 하실 것이다.

그러나 내가 가는 길을 그가 아시나니 그가 나를 단련하신 후에는 내가 순금 같이 되어 나오리라(욥 23:10).

침묵하며 기다려라

—

큰딸의 출산 예정일이 하루 지난 수요일, 다섯 살 된 손자 조슈아에게 물었다.

"왜 아기가 아직 안 나오지?"

"참고 있으면 아기가 나올 거예요."

"참고 있으라는 말이 무슨 의미니?"

"아무 소리 말고 기다리고 있으면 아기가 나올 거예요."

다섯 살짜리가 예순 넘은 할아버지에게 나올 때가 되면 나오겠지 왜 참지 못하고 안달하느냐는 것이다. 기특하기도 하고 웃기기도 한 손자의 대답이었다.

오래 참음의 인내가 부흥과 약속을 받는 비결인 줄 알면서도 기다리는 것이 쉽지 않음을 실감하고 있을 때 주님의 영적 교훈으로 생각하게 되었다. 의심, 불평, 낙심, 초조해하지 말고 조용히 기다리면 때가 되면 나온다는 것이다.

목요일 저녁에 조슈아가 볼에 뽀뽀를 하면서 "오늘밤에 아기가 나올 거예요"라고 말하는 것이다. 제 딴에는 전날 왜 안 나오느냐고 물은 것에 대해 안심시키려고 한 말이다. 그런데 조금 후에 다시 와서 "아마도 오늘밤에"라고 하며 여유를 남겨 놓는 말을 듣고 '이제 할아버지와 말장난할 정도로 많이 컸구나' 하는 생각을 했다.

사위가 휴대전화로 보내준 건강한 아기 사진을 보면서 다시 한 번 "조용히 기다려라. 아무 말도 하지 말고 기다려라"는 말씀이 생각 났다. 하나님의 때와 약속을 기다릴 때 의심, 초조, 불평, 낙심은 금물이다. 그저 잠잠히 기다리면 된다. 이 외의 것은 믿음에 반대 되는 것들로 약속을 오히려 지연시키는 요소들이다.

왜냐하면 하나님께서 하신 시대적인 약속들은 연단된 믿음의 그 릇이 준비된 후에 오기 때문이다. 주님은 제자들에게 "너희는 마음 에 근심하지 말라 하나님을 믿으니 또 나를 믿으라"(요 14:1)고 하 셨다. 하나님께서는 우리 개인의 정해진 시간의 달력에 의해 일하 신다. 우리의 때가 되면 하나님께서 우리를 부인하지 않으실 것이 다. 그러나 정해진 시간 전에 희망을 잃으면, 모든 것을 잃게 된다. 조용히 기다리는 것이 은혜다. 그것도 불평과 원망 없이 잠잠히 기 다려야 한다. 아브라함은 하나님께 약속의 말씀을 들었고 그 약속 을 위해 인내하고 기다려야 했다. 조용히 기다려라. 그리하면 약속 이 이루어질 것이다.

여호와 앞에 잠잠하고 참고 기다리라 자기 길이 형통하며 악한 꾀를 이루는 자 때문에 불평하지 말지어다(시 37:7).

너희는 가만히 있어 내가 하나님 됨을 알지어다 내가 뭇 나라 중에서 높임을 받으리라 내가 세계 중에서 높임을 받으리라 하시도다(시 46:10).

기대고 사모하며 기다려라

—

하나님을 기다린다는 것은 그분에게 기대고 안식하는 것이다. 자신의 이해에 기대지 않고 하나님의 신실하심에 기대고 믿고 신뢰하는 것이다. 마음과 뜻과 정성을 다해 의지하고 모든 길에서 하나님을 인정하고 고백하는 것이다. 온전히 하나님께만 마음을 쏟아 그분만을 사랑하는 것을 배우고 친밀한 관계를 형성하는 것이다. 기다리는 동안에 하나님께서도 우리를 기다리고 계신다는 것을 기억해야 한다. 기다리는 사람에게 주님께서는 말씀하신다.

"첫사랑을 회복하라. 기대하고 바라는 것 이상으로 너를 축복하리라. 앞으로 나의 성품, 나의 능력, 나의 이사와 기적 들을 보게될 것이다. 내가 이 능력들을 부어 줄 나의 참된 제자들과 참된 마음을 가진 자들을 찾고 있다. 인내를 배우는 동안 너의 인간적 이해와 나의 영의 이해가 충돌하겠지만, 결국에는 나의 영이 데리고 나올 것이다. 나와 연합하라. 나의 임재 안에서만 네가 이해와 능력을 발견할 것이다. 나의 음성만이 너의 길을 인도할 것이다. 나를 기다리는 자는 위로부터 능력을 소유할 것이다. 나를 기다리는 자는 영적 도약을 경험할 것이다. 겸손하게 자신을 낮추면, 다가올 날에 신선한 능력의 부으심을 경험할 것이다. 만일 지금 나를 비밀한 장소에서 만나면 놀라운 보상을 받을 것이다. 나의 약속은 확장과 확대와 열매 맺음, 그리고 성장이다. 나의 임재 안으로 나아오라. 지금까지 보지도 듣지도 생각지도 못한 나의 마음에 들어 있는 것을 나타내리라. 나의 임재 안으로 들어오라. 내가 너를 능력으로 덧입히리라. 나의 임재 안으로 나아오라. 내가 너를 풍요롭게 하리라. 네가 나에게 기대면 내가 너를 일으켜 세우리라."

기다림은 하나님께 기대고 사모하는 과정이다. 그 과정의 끝에는 내가 바라는 것 이상으로 하나님께서 준비하신 선물이 기다리고 있을 것이다. 기다리는 자는 하나님께 가까이 나아가 그분께 기대고, 참된 믿음으로 신뢰하는 마음이 온유한 자다.

진실로 악을 행하는 자들은 끊어질 것이나 여호와를 소망하는 자들은 땅을 차지하리로다(시 37:9).

온유한 자는 복이 있나니 그들이 땅을 기업으로 받을 것임이요(마 5:5).

찬양하며 기다려라

—

기다림은 믿음 안에서 안식하는 것이요, 기도보다 찬양과 경배를 더 많이 드리는 시간이다. 기다림은 인내의 시간이기도 하지만, 참된 의미를 발견한 자에게는 안식의 시간이다. 기다림이 하나님께 기대고 친밀함을 나누는 교제의 시간이라는 것을 아는 사람은 진정한 안식을 누릴 수 있다. 이미 영으로 기다림의 결과를 믿을 뿐만 아니라, 하나님이 주시는 기쁨을 누리는 비결을 알기 때문이다. 그 비결은 기다리는 동안 주님을 기뻐하며 그분을 찬양하고 경배하는 것이다.

"믿음은 바라는 것들의 실상이요 보이지 않는 것들의 증거"(히 11:1)다. 의심하지 않고, 불평하지 않고, 아무 말하지 않고, 마음의 평정을 유지하며 잠잠히 기다리는 것이 처음에는 힘들지만, 이 단계에 이르면 기도보다 찬양과 경배를 더 많이 드리고 있는 자기 자신을 발견할 것이다. 이는 이미 믿음으로 승리한 것으로 기쁘기도 하지만, 알지도 체험하지도 못했던 주님과의 친밀한 아름다움, 그 자체로 즐거워하고 기뻐하며 주님을 찬양하게 된다. 이 기쁨을 발견한 다윗은 찬양의 사람이 되었다.

내가 여호와를 항상 내 앞에 모심이여 그가 나의 오른쪽에 계시므로

내가 흔들리지 아니하리로다 이러므로 나의 마음이 기쁘고 나의 영
도 즐거워하며 내 육체도 안전히 살리니 주께서 생명의 길을 내게
보이시리니 주의 앞에는 충만한 기쁨이 있고 주의 오른쪽에는 영원
한 즐거움이 있나이다(시 16:8, 9, 11).

마치 광야 같은 끝없는 기다림 중에도 우리는 하나님 영광의 아
름다움을 볼 수 있고 누릴 수 있다. 그것은 우리가 하나님께 기쁜
노래를 부르는 것이다.

광야와 메마른 땅이 기뻐하며 사막이 백합화 같이•피어 즐거워하며
무성하게 피어 기쁜 노래로 즐거워하며 레바논의 영광과 갈멜과 사
론의 아름다움을 얻을 것이라 그것들이 여호와의 영광 곧 우리 하나
님의 아름다움을 보리로다(사 35:1-2).

아직 하나님의 약속과 기도 응답을 기다리는 가운데, 그리고 무
엇보다 주님을 기다리는 동안에 우리에게 주어진 가장 강력한 무
기는 하나님을 기뻐하며 찬송하고 높이기 위해 무릎 꿇어 그분을
경배하는 것이다.

당신은 영광의 왕 당신은 평강의 왕

당신은 하늘과 땅의 주 당신은 정의의 아들
천사가 무릎 꿇고 예배하고 경배하네
영원한 생명 말씀 당신은 예수 그리스도 주
호산나 다윗의 아들께 호산나 불러 왕 중의 왕
높은 하늘에 영광을 예수 주 메시아네.

우리가 주님을 기다리며 찬송할 때, 주님은 그분 백성의 찬송의
보좌에 앉으신다.

이스라엘의 찬송 중에 계시는 주여 주는 거룩하시니이다(시 22:3).

기다리는 동안 찬양과 경배와 사랑으로 주님을 높일 때, 나와 내
가정과 교회와 도시 위에 하늘 보좌가 세워진다. 영적 전쟁에서 경
배는 가장 강력한 무기다. 기다리면서 열정적인 경배로 나아갈 때,
사탄의 어두움은 물러가고 예수 그리스도의 통치가 드러난다. 기
다리는 것은 아무것도 하지 않는 것이 아니다. 기다림은 믿음 안에
서 안식하는 것이고, 이미 승리한 자가 누리는 기쁨이다. 기다리는
시간은 아무것도 생산하지 않는 시간이 아니다. 영 안에서 많은 것
을 생산하는 시간이다.

찬양은 하나님의 기쁨이고 우리에게 그분의 기쁨이 내려오게 하

는 비결이다. "경배가 올라가면 영광이 내려온다"는 말이 있다. 우리가 하나님께 경배를 올려 드리면, 그분의 영광을 우리에게 내려 주신다. 기다리는 동안에 찬양하고 경배해야 할 이유가 바로 여기에 있다.

왕이신 나의 하나님이여 내가 주를 높이고 영원히 주의 이름을 송축 하리이다(시 145:1).

하나님 백 퍼센트 신뢰하기
—

이 세상에 사는 우리는 고난과 어려움을 겪으며 살아간다. 믿는 사람과 믿지 않는 사람 사이에는 큰 차이점이 있다. 바로 믿는 사람에게는 모든 것이 합력하여 선을 이룬다는 확신이 있다. 우리가 하나님을 신뢰하면 하나님 안에서 성공하는 것을 가로막을 수 있는 것은 아무것도 없다. 우리가 통과해 나가는 모든 것이 우리로 하여금 그분의 마음을 더 잘 느낄 수 있게 해주며, 그 방법 또한 명확하게 이해할 수 있도록 도와줄 것이다. 우리 안에서 일을 시작하신 그분이 모든 일을 신실하게 완성하실 것이다.

우리는 결코 하나님과의 교제 밖에서 세상을 다스리도록 창조되지 않았다. 하나님은 함께 다스리기 위해 우리를 창조하셨다. 성경은 우리가 그리스도와 함께 하늘에 앉아 있다고 말한다.

또 함께 일으키사 그리스도 예수 안에서 함께 하늘에 앉히시니(엡 2:6).

우리는 우리의 삶을 빚어 가시는 하나님의 방법을 정확하게 이해해야 자유로운 삶을 살 수 있다. 그렇지 않으면 주님의 시각을 잃어버리고 여러 환경으로 인해 낙심할 수밖에 없다. 우리는 삶의 염려들 때문에 마음이 강퍅해지는 것을 막아야 한다. 주님을 향한 우리의 마음은 부드러워야 한다. 우리가 어려운 환경 속에서도 주님 앞에서 신실한 삶을 살아갈 때 우리는 전진할 수 있고 승리할 수 있다.

주님은 우리가 어려움을 겪고 있을 때 결코 우리를 잊거나 버리시지 않는다. 그 어려움을 통해 우리의 인격이 자라고, 그분의 형상을 닮아가기 원하신다. 주님이 이끄시는 고난은 우리의 자아에 대하여 죽게 하려는 목적이 있다. 아직 오순절 성령이 강림하지 않았던 구약시대를 살았던 다윗은 생명을 위협하는 환경 속에서도 성령의 능력으로 신실하고 승리하는 삶을 살았다. 그렇다면 성령 시대를 살고 있는 우리는 당연히 승리하는 삶을 살 수밖에 없다.

주님은 세상의 미련한 것들을 통해 지혜로운 것들을 부끄럽게 하신다. 하나님은 혼돈과 환난과 고통의 중심에서 주님과의 연합으로 이끌기 위해 우리를 훈련시키신다. 그러므로 고난 중에 하나님을 신뢰하는 것은 성숙한 그리스도인만의 참된 가치다.

주님께서 우리의 부르심을 성취시키기 위해 우리를 고난으로 이끄실 때, 그 고난을 통해 하나님을 더욱 신뢰하도록 만드시는 과정을 잘 견디는 사람들에게 참된 신뢰가 무엇인지를 보여 줄 것이다. 그래서 하나님을 신뢰하는 신실한 성도들은 모두 상처의 흔적을 지니고 있다. 이 흔적은 이미 치유된 이전의 상처에 대한 증거이며, 하나님을 여전히 신뢰하는 사람에게는 영광의 상처다. 예수님은 아버지 하나님을 십자가에서 운명하시기까지 끝까지 신뢰하셨다. 때때로 우리의 십자가는 고통스럽지만 하나님을 신뢰하며 지고 가야 할 우리의 사명이고 영광의 흔적이다.

내가 사망의 음침한 골짜기로 다닐지라도 해를 두려워하지 않을 것은 주께서 나와 함께 하심이라 주의 지팡이와 막대기가 나를 안위하시나이다(시 23:4).

고통 속에서도 기뻐하기

성경에 나오는 위대한 신앙의 사람들의 공통점은 고난과 고통 중에서도 낙심하지 않고 하나님을 찬양하고 기뻐했다는 것이다. 이해할 수 없는 고통 가운데서 그분의 이름을 찬양하며 기뻐할 수 있는 것은 오직 그분을 신뢰하는 믿음으로만 가능하다. 그리스도인의 근원적인 찬양과 진정한 기쁨은 모든 것이 형통할 때 나오는 것이 아니라, 고통과 시련 속에서 발견되는 것이다. 감사의 조건과 기뻐할 상황 속에서는 정작 하나님에 대한 감사와 그분을 기뻐하는 것을 간과하는 경우가 많다.

욥은 열 명의 자녀와 모든 재산을 잃은 고통 속에서 "내가 모태에서 알몸으로 나왔사온즉 또한 알몸이 그리로 돌아가올지라 주신 이도 여호와시요 거두신 이도 여호와시오니 여호와의 이름이 찬송을 받으실지니이다"(욥 1:21)라고 고백하였다. 욥은 생명이 하나님 앞에서 끊겨질지라도 "내가 오히려 위로를 받고 그칠 줄 모르는 고통 가운데서도 기뻐하는 것은 내가 거룩하신 이의 말씀을 거역하지 아니하였음이라"(욥 6:10)고 고백하였다. 감사의 조건이 없고 찬송할 이유가 없어도 우리는 여호와의 이름과 성품을 찬송하고 기뻐할 수 있다. 그래서 바울 사도는 데살로니가 교회를 향해 "또 너희는 많은 환난 가운데서 성령의 기쁨으로 말씀을 받아 우리와 주를 본받은 자가 되었으니"(살전 1:6)라고 했으며, 골로새 교회를 향해서는 "그의 영광의 힘을 따라 모든 능력으로 능하게 하시며 기쁨으로 모든 견딤과 오래 참음에 이르게 하시고"(골 1:11)라고 했다.

고통 중에 낙심하는 것은 불신자들에게는 당연한 것이지만, 그리스도인에게는 하나님을 불신하는 것이요, 하나님의 말씀을 거역하는 것이다. 우리 믿음이 약해서 고난 중에 적극적으로 하나님을 찬송하고 기뻐하지는 못할지라도 최소한 낙심하지 않겠다는 각오로 믿음의 여정을 시작해야 한다. 이 여정에 필요한 것은 오직 "항상 기뻐하라 쉬지 말고 기도하라 범사에 감사하라"(살전 5:16-18)는 말씀을 매일의 삶 속에서 실천하는 것이다. 우리는 경건 연습을 꾸준히 할 때 고난 속에서도 기뻐할 수 있다.

그러므로 내가 그리스도를 위하여 약한 것들과 능욕과 궁핍과 박해와 곤고를 기뻐하노니 이는 내가 약한 그 때에 강함이라(고후 12:10).

한계점 극복하기
—

유대력으로 2014년은 '열린 문'의 해다. 열린 문 안으로, 약속된 축복 안으로 들어가려면 문지방을 넘어야 한다. 영어로 문지방은 'Threshold'다. 문턱, 한계점이라는 의미다. 열린 문 안으로 약속의 땅으로 들어가려면, 한계를 극복해야 하고 한계점을 넘어서야만 한다. 'Threshold'는 콤프레서(Compressor), 리미터(Limiter), 노이즈 게이트(Noise Gate)같은 기기의 입력 신호가 어떤 레벨에 도달할 때, 목적을 수행하는 동작을 개시하는 수치를 '스레시홀드 레벨(Threshold Level)'이라고 하고, 그 개시점을 '스레시홀드 포인트(Threshold Point)'라고 한다. 디지털의 경우에는 논리값을 나타내는 파형 중 0과 1의 분계점을 말한다. 즉 어떤 값이 다른 값과 다른 것을 판별하는 한계값 또는 임계값이다.

열린 문, 곧 약속의 문으로 들어 갈 새 세대와 새 기름 부으심의 사람들에게는 옛 세대와 옛 기름 부으심의 사람들이 넘지 못한 한계점을 극복할 보다 높은 수준의 믿음, 순종, 인내의 단계가 요구된다. 애굽에서 나온 광야 1세대 이스라엘 백성은 40년 훈련 기간 동안 믿음과 순종이라는 한계점을 넘지 못해서 약속의 땅에 들어가지 못했다. 그들은 가나안의 번성을 정탐하고도 요단 강이라는 한계점을 넘지 못했다. 그러나 여호수아 군대는 마음을 강하게 하고 담대히 하며(수 1:7, 9), 하나님 말씀의 약속을 의지하고(수 1:13), 하나님 영광의 임재인 법궤를 메고 요단 강을 발로 디딤으로 열린 문의 문지방을 넘어섰다. 불신과 불순종, 불가능의 한계점을 넘어 약속의 땅으로 들어간 것이다. 여호수아와 갈렙은 열 정탐꾼의 부정적인 보고와 백성들의 불신이라는 한계점을 믿음의 언어로 극복했다. 여호수아 군대는 순종의 말(수 1:16)과 행동(수 3:15-17)으로 가나안의 문지방을 넘어 들어갔다.

또 'Threshold'에는 출발점이라는 의미도 있다. 마지막 열차의 종착역은 다음 날 새벽의 출발역이다. 광야 1세대의 종착역에서 다음 세대가 출발한 것이다. 꿈속에서 아침 7시 예배를 드리려고 출발했는데 도착하니 6시였다. 도착한 곳도 교회가 아닌 기차역이었다. 한 시간 일찍 출발역에 온 것이다. 이제 곧 출발할 부흥 열차에 앉아 출발 시간만 기다리면 된다. 시간이 가까워질수록 많은 사람이 기차에 오를 것이다. 믿음, 순종, 희생, 그리고 인내까지 한계점에 도달했다면, 그 한계점을 넘어서고 열린 문의 문지방을 넘어서는 관건은 사랑이다. 주님을 기다리고 더욱 사랑하라. 그러면 어느새 약속의 열린 문 안으로 들어가 있는 자신을 발견할 것이다.

여호와의 언약궤를 멘 제사장들은 요단 가운데 마른 땅에 굳게 섰고 그 모든 백성이 요단을 건너기를 마칠 때까지 모든 이스라엘은 그 마른 땅으로 건너갔더라(수 3:17).

돌이키지 마라

지금은 거대한 전환이 시작되는 새 역사를 위한 약속의 문이 열리는 중요한 시기다. 두려워 뒤로 물러 날 때가 아니라 우리의 앞날을 가로막고 있는 골리앗을 향해 돌을 던지고, 약속을 향한 열린 문으로 전진해 들어 갈 때다.

몇 년 전 성령의 기름 부으심을 받으면서 앞으로 되어질 많은 일에 대한 약속을 받았다. 이 일들이 많은 시련과 인내의 관문을 통과한 후에 이루어질 것이기 때문에 "결단코 포기하지 마라, 돌이키지 마라"는 말씀도 함께 주셨다.

이제 약속의 해산을 위한 진통이 시작되었고, 해산을 위해 마지막 힘을 써야 할 때다. 새로운 지위와 새로운 권세가 주어질 것이다. 부단히 하나님을 찾고 기다려 온 사람들에게 어느 날 갑자기 열린 문이 놓일 것이다. 하나님은 사람을 세우시고 그분의 일을 성취하시는 분이다. 하나님께서는 그분의 일을 사람의 힘으로 성취하려는 노력을 포기한 자들을 새로운 시대를 위해 세우시고 뿌리 박게 하실 것이다. 또한 하나님의 사람들을 한 장소에서 다른 장소로, 한 위치에서 다른 위치로 옮기실 것이다. 모든 환경이 바뀔 것이다. 떠났던 사람들이 돌아올 것이다. 새로운 방법으로 전진하기 원하는 하나님의 군대가 훈련을 위해 몰려들 것이다. 더 많은 영향력이 주어질 것이다. 하나님 나라의 재정이 풀어질 것이다. 심었으나 자라나지 않았던 것들이 빠른 시일에 자라나고 열매 맺게 될 것이다. 물이 솟지 않았던 우물에서 물이 솟구치게 될 것이다.

이제 하나님의 불이 떨어질 것이다. 그 불은 하나님의 백성을 정화시키고 정결하게 할 것이다. 그리고 그분의 영광이 예배하는 백성을 장악할 것이다. 그 영광이 더할 때, 영광의 임재가 주차장과 승강기와 건물 전체에 임할 것이다. 그때에는 하나님의 초자연적인 능력이 나타나 믿지 않는 사람들까지도 하나님의 권능 앞에 놀라워할 것이다. 하나님의 불, 하나님의 영광, 하나님의 능력은 주의 종들을 재정렬시키고 교회를 회복하는 원동력이 될 것이다. 물이 바다를 덮음같이 여호와의 영광을 인정하는 것이 세상에 가득할 마지막 대부흥이 시작될 것이다.

믿음이 없는 사람은 약속을 받고도 믿지 못한다. 믿음이 적은 사람은 어려움이 닥쳐오면 두려워 도망간다. 인내가 부족한 사람은 하나님의 약속을 믿는다고 하면서도 넘어야 할 시련 앞에서 포기하고 주저앉을 것이다. 그러나 우리는 결코 포기하면 안 된다. 절대로 돌아서지 말아야 한다. 온전한 믿음은 인내를 포함한다. 아브라함은 오래 참음으로 약속을 받았다. "그가 이같이 오래 참아 약속을 받았느니라"(히 6:15). "너희(우리)에게 인내가 필요함은 너희(우리)가 하나님의 뜻을 행한 후에 약속하신 것을 받기 위함이라"(히

10:36)고 하였다. 하나님의 약속을 믿고 순종했는가? 그렇다면 결코 포기하지 마라. 이제 열린 문이 바로 당신 앞에 놓일 것이다.

예수께서 이르시되 손에 쟁기를 잡고 뒤를 돌아보는 자는 하나님의 나라에 합당하지 아니하니라 하시니라(눅 9:62).

믿음은 포기하지 않는 것이다
—

믿음은 하나님을 신뢰하고 어떤 조건 속에서도 결코 포기하지 않는 것이다. 믿지 않는 사람들도 "하늘은 스스로 돕는 자를 돕는다"는 격언을 알고 있다. 영적 돌파는 포기하지 않고 뒤를 돌아보지 않는 사람에게 주어진다.

미국에 와서 고구마를 좋아하게 되었다. 밤고구마를 구워서 커피와 함께 간식으로 식사대용으로 종종 먹는다. 뚜껑 있는 두꺼운 팬에 구우면 더 맛있지만, 쿠킹호일에 싸서 전자레인지에 구워도 괜찮은 맛을 낸다. 얼마 전 남아 있던 고구마에서 싹이 나고 줄기가 나오자 아내가 줄기 부분을 잘라 물 컵에 올려놓았다. 하루쯤 놓아둔 것을 보았는데, 보이지 않아서 물으니 땅에 심었다는 것이다. 말라서 죽은 것 같은 고구마 안에 보이지 않는 생명이 있었던 것이다. 줄기가 뻗어나고 번성해서 주렁주렁 달릴 고구마를 상상하며, 믿음의 생명이 이런 것이 아닐까 생각했다. 우리는 결코 죽지 않는 부활의 생명을 유업으로 받은 그리스도인이다. 포기하지 않는 한 이 믿음의 생명력은 반드시 열매 맺게 될 것이다.

믿음의 역사는 보이는 것에 의해 좌우되는 것이 아니다. 하나님의 초자연적인 은혜가 믿음을 통해 자연적 상황 속에 흘러들어 올 것을 믿는 삶에 기적이 나타난다. 실망하지 않고, 포기하지 않고, 여전히 주님을 신뢰하고 찬송하면 영적 돌파를 할 수 있다. 우리의 삶 속에 영적 돌파가 나타날 때까지 믿고 나아가는 길에 포기란 없다. 이를 위해 어제의 실패와 상처와 쓰라림이 오늘의 승리와 내일의 약속을 붙잡지 못하도록 깨어 있어야 한다.

에베레스트 산을 정복하기 위해서는 가장 험준하고 힘든 마지막 코스를 견뎌내야 한다. 마라톤 42.195킬로미터를 완주하려면 인간 한계의 극치인 마의 35킬로미터 지점에서 포기하면 안 된다. 포기하지 않는 믿음의 돌파를 하기 위해서는 첫째, 눈에 보이는 환경에 흔들리지 않아야 한다. 둘째, 사람의 말에 흔들리지 않아야 한다. 셋째, 하나님의 약속을 굳게 붙잡고 실망하지 않아야 한다. 넷째, 하나님의 사랑에 깊이 뿌리박고 닻을 내려야 한다. 다섯째, 하나님께서 일어나시도록 기도해야 한다.

하나님이 일어나시니 원수들은 흩어지며 주를 미워하는 자들은 주
앞에서 도망하리이다(시 68:1).

주님이 일어나셔서 돌파를 가로막고 있는 모든 원수를 물리치실
때, 그분의 임재가 약속과 비전을 이루게 할 것이다. 이 모든 것의
열쇠는 포기하지 않는 것이다.

내가 죽지 않고 살아서 여호와께서 하시는 일을 선포하리로다(시
118:17).

해산의 고통

주님과의 친밀한 시간의 결과는 성령의 나타남과 능력이 된다.

내 말과 내 전도함이 설득력 있는 지혜의 말로 하지 아니하고 다만
성령의 나타나심과 능력으로 하여 너희 믿음이 사람의 지혜에 있지
아니하고 다만 하나님의 능력에 있게 하려 하였노라(고전 2:4-5).

생명을 해산하는 데는 고통이 따른다. 인간이 겪는 자연적인 고

통 중에 해산의 고통이 가장 크다고 한다. 임신 기간도 길고 무척 힘들고 고생스럽다. 동물에게도 해산의 고통이 있기는 하지만 인간의 고통에 비할 것은 아니다. 이 고통은 하나님의 말씀에 불순종하여 선악을 알게 하는 열매를 따먹은 죄에 대한 형벌로 주어졌기 때문이다. "또 여자에게 이르시되 내가 네게 임신하는 고통을 크게 더하리니 네가 수고하고 자식을 낳을 것이며"(창 3:16). 이처럼 생명 탄생의 고통이 얼마만큼 큰지를 알 수 있다.

한 생명을 구원하는 데도 해산의 수고가 따른다. 바울 사도는 갈라디아 교회에 "나의 자녀들아 너희 속에 그리스도의 형상을 이루기까지 다시 너희를 위하여 해산하는 수고를 하노니"(갈 4:19)라고 하였다. 이방인이었던 그들에게 복음을 전해서 그들이 은혜와 성령으로 구원받았다. 이제 다시는 율법과 육체로 돌아가지 말기를 간절히 권고하며 기도하기를 해산하는 수고처럼 했다는 것이다. 이처럼 생명을 해산하는 수고가 있고, 사람의 영혼을 구원하고 교회를 세우는 해산의 고통과 수고도 있다.

또한 만물의 회복과 하나님의 영광을 회복하기 위한 마지막 때의 시대적인 해산의 고통과 수고도 있다. 바울 사도는 로마 교회를 향하여 장차 나타날 영광에 대해 말하면서, "피조물이 고대하는 바는 하나님의 아들들이 나타나는 것이니 피조물이 허무한 데 굴복하는 것은 자기 뜻이 아니요 오직 굴복하게 하시는 이로 말미암음이라 그 바라는 것은 피조물도 썩어짐의 종 노릇 한 데서 해방되어 하나님의 자녀들의 영광의 자유에 이르는 것이니라 피조물이 다 이제까지 함께 탄식하며 함께 고통을 겪고 있는 것을 우리가 아느니라"(롬 8:19-22)라고 하였다.

피조물인 만물이 장차 나타날 하나님의 영광과 하나님의 아들들이 나타날 완전한 회복의 날을 고통하며 기다리고 있다고 말한 것이다. 이사야와 하박국 선지자가 예언한 대로 여호와의 영광이 물이 바다를 덮음같이 임할 하나님 영광의 회복의 때를 기다리고 있는 것이다. 이를 위해 하나님의 아들들을 세우시고, 이제 이 영광의 자유를 누리는 하나님의 아들들이 나타나고 있다.

얼마 전 새벽, 두 시간가량 자지 못하고 뒤척이는 영적 해산의 고통 끝에 남자 아이가 태어난 꿈을 꾸었다. 만물을 회복할 부흥의 영광의 때가 이제 나에게도 임한 것이다.

여호와의 영광이 나타나고 모든 육체가 그것을 함께 보리라 이는 여호와의 입이 말씀하셨느니라(사 40:5).

살아 있는 사람의 장례식

—

자신의 장례식에 참석해 본 사람이 있을까? 이 일은 오직 꿈에서만 가능할 것이다. 하나님께서 주신 꿈이라면 심오한 영적 진리를 보여 주는 것이다. 자아의 죽음을 가리키기 때문이다. 본인의 장례식에 참석한다는 것은 삶과 죽음을 동시에 보여 주는 것으로 육체의 자아는 죽고, 영에 속한 그리스도의 사람이 사는 것이다.

그래서 바울 사도는 "내가 날마다 죽노라"(고전 15:31), "내가 그리스도와 함께 십자가에 못 박혔나니 그런즉 이제는 내가 사는 것이 아니요 오직 내 안에 그리스도께서 사시는 것이라 이제 내가 육체 가운데 사는 것은 나를 사랑하사 나를 위하여 자기 자신을 버리신 하나님의 아들을 믿는 믿음 안에서 사는 것이라"(갈 2:20), "그런즉 누구든지 그리스도 안에 있으면 새로운 피조물이라"(고후 5:17)고 말하였다. 죽어도 사는 비결! 이것은 모든 그리스도인이 날마다 일상의 체험을 통해서 깨닫게 되는 진리다. 육체로는 죽고 영으로 사는 사람은 전능하신 하나님을 찬양해야만 한다. 그분은 어제나 오늘이나 언제나 동일하시다. 영원히 다스리시는 하나님이시다.

하나님과의 친밀한 교제를 통해 하나님의 음성을 듣는 사람들이 누리는 특권은 성령께서 들려주시는 음성뿐만 아니라, 어떤 것에 대하여 기도하면 주님께서 말씀해 주시고 보여 주신다는 것이다.

2005년 6월 30일 아침에 들은 '믿음 시험(Faith Test)'이라는 내적 음성을 붙잡고 그 시험에 통과하기 위해 정말 죽을 만큼 힘든 시간을 보내면서 결코 포기하지 않고 철저히 순종했다. 순종은 말로 하는 것이 아니라 행동으로 하는 것이다.

2011년 6월 30일 저녁에 "믿음 시험에 합격한 증거를 보여 주세요"라고 기도하고 잠들었다. 꿈에서 내가 죽었다고 지인들이 장례식 예배를 드리러 왔다. 내가 아는 목사님이 "지금부터 전두승 목사의 장례식을 시작하겠습니다"라고 말했다. 사람들은 내가 보이지 않는 듯했다. 방에 앉아서 장례식을 보다가 '참, 나 죽었지' 하며 들어 누웠다. 그런데 갑자기 "전능하신 하나님 찬양 언제나 동일하신 주" 하고 찬양이 터져 나오며 벌떡 일어나지는 것이다. 시험에 합격했을 뿐만 아니라, 다시 산 자는 전능하신 하나님을 높이고 세상에 하나님의 영광을 나타내기 위해 살아야 한다는 사명을 보여 주신 것이다.

예수께서 이르시되 나는 부활이요 생명이니 나를 믿는 자는 죽어도 살겠고 무릇 살아서 나를 믿는 자는 영원히 죽지 아니하리니 이것을 네가 믿느냐(요 11:25-26).

내가 죽지 않고 살아서 여호와께서 하시는 일을 선포하리로다(시

118:17).

믿음의 마지막 시험 : 사랑

—

수년 동안 믿음 시험을 통과하면서 얻게 된 결론은 우리에 대한 하나님의 마지막 시험은 사랑 시험이라는 것이다. 감사할 수 없는 상황 속에서 '감사하라'는 성령의 음성을 듣고 순종한 인내의 여정 가운데, 찬송과 하나님의 영광 선포를 통해 맑은 생각을 할 수 있는 새벽에 영 깊은 곳에서 솟아나오는, 그리고 하루 종일 계속되는 '주님을 사랑합니다' 하는 궁극적 고백에 이르게 하셨다. 하나님 경외와 하나님 섬김의 진정한 동기는 하나님에 대한 자발적인 사랑임을 체험적으로 깨닫게 하셨다.

믿음의 마지막 시험은 사랑이다. 소수의 사람들이 믿음 시험을 통과하지만, 이 시험을 통과한 사람에게는 자신의 생명보다도 하나님을 더 사랑하는가? 하는 마지막 시험, 곧 사랑 시험이 남아 있다. 믿음이 순종과 인내를 요구한다면, 사랑은 완전한 희생을 요구한다. 하나님과 하나님께서 주신 약속과 비전에 대한 흔들리지 않는 믿음과 무조건적이고 죽음이라도 불사하는 순종과 자존심을 버리는 것을 넘어서서 자신을 한없이 낮추는 겸손과 끝없는 인내의 결론은 하나님에 대한 사랑이다.

창세기 22장에서 하나님께서 사랑하는 독자 이삭을 번제단의 제물로 바치라고 하신 명령은 믿음 시험이기보다는 아브라함에 대한 '사랑 시험'이었다. 그리고 그 사랑은 희생으로 완성되었다.

그 일 후에 하나님이 아브라함을 시험하시려고 그를 부르시되 아브라함아 하시니 그가 이르되 내가 여기 있나이다 여호와께서 이르시되 네 아들 네 사랑하는 독자 이삭을 데리고 모리아 땅으로 가서 내가 네게 일러 준 한 산 거기서 그를 번제로 드리라(창 22:1-2).

시험에 합격한 아브라함에게 하나님께서 이번에는 그의 믿음과 순종을 칭찬한 것이 아니라, 독자 이삭을 아끼지 않고 바친 하나님에 대한 희생적 사랑을 칭찬하셨다. 아브라함이 아들보다 하나님을 더 경외하고 사랑했기 때문이다.

사자가 이르시되 그 아이에게 네 손을 대지 말라 그에게 아무 일도 하지 말라 네가 네 아들 네 독자까지도 내게 아끼지 아니하였으니 내가 이제야 네가 하나님을 경외하는 줄을 아노라(창 22:12).

사랑 시험은 믿음 시험보다 어렵다. 베드로는 "주는 그리스도시요 살아 계신 하나님의 아들이시니이다"(마 16:16)라는 믿음의 고백과 주를 따라 죽는 데까지 가겠다고 한 믿음의 맹세에도 불구하고, 사랑 시험에 실패하고 주님을 버리고 도망갔다. 부활하신 주님께서 찾아 오셔서 베드로의 믿음 없음을 책망하지 않으시고 "요한의 아들 시몬아 네가 이 사람들보다 나를 더 사랑하느냐"(요 21:15)라고 세 번이나 물으셨다. 주님을 자신의 생명보다 더 귀하게 여기지 못하는 사람은 마지막 시험인 사랑의 시험지에 정답을 쓸 수 없다. 순교는 믿음이 좋아서 할 수 있는 것이 아니라 오직 사랑으로 하는 것이다. 믿음이 순종을 요구하고, 소망이 오래 참음과 인내를 생산한다면, 오직 하나님에 대한 완전한 사랑만이 목숨까지 희생하며 진리와 주님을 따를 수 있게 한다.

그런즉 믿음, 소망, 사랑, 이 세 가지는 항상 있을 것인데 그 중의 제일은 사랑이라(고전 13:13).

나는 주님 외에는 아무것도 없는 것같이 살기로 하였고,

주님을 생각하는 일에 방해되는 모든 것을

내 삶과 생각 속에서 몰아 내었다.

로렌스 형제

성령님의 인도와
역사하심

하나님의 영으로 인도받는 삶

—

우리 인생에서 만남은 굉장히 중요하다. 누구를 만나느냐에 따라 인생이 결정되기 때문이다. 그리스도인은 예수 그리스도를 만났고 그분께 속했으며, 그분을 따르고 동행하며, 성령의 인도를 받는다. 죄와 사망의 법에서 해방되어 생명의 성령의 법 안에 사는 사람의 특징은 하나님 영의 인도를 받는다.

하나님 영의 인도를 받는 삶은 자기 뜻대로 살다가 필요할 때만 성령의 인도를 받는 삶이 아니다. 자신의 뜻을 포기하고 전적으로 성령의 주권과 인도하심 아래 사는 것이다. 구원받았다고 해서 우리가 죄의 영향력에서 완전히 벗어난 것은 아니다. 우리의 생각과 뜻에서 나오는 것은 아직도 육신의 정욕과 안목의 정욕과 이생의 자랑의 영향권 아래 있다. 오늘날 모든 교인이 다 신자는 아니요, 모든 신자가 성도는 아니다. 성도와 그리스도인은 문자 그대로 '거룩한 무리와 그리스도께 속한 자들'이다. 이 말의 의미대로 사는 사람들만이 성령의 인도를 받았고 하나님의 아들이라고 할 수 있다.

무릇 하나님의 영으로 인도함을 받는 사람은 곧 하나님의 아들이라 (롬 8:14).

세상의 종말과 주님의 재림을 앞둔, 미래가 불분명하고 불확실한 이 시대에 우리는 성령의 인도받는 방법을 배워야 한다. 지금보다 더 혼란이 가중되는 미래에는 정치, 경제, 사회, 종교 지도자들까지도 해답을 내어놓지 못하고 손을 놓는 시대가 될 것이다. 그러나 성령께서 우리를 가르치시고 인도하시면, 우리는 하나님의 눈으로 세상의 역사를 볼 수 있다. 생명의 성령의 법 안에서 주님의 영과 하나 되는 법을 배울 때, 성령께서 우리의 갈 길을 가르쳐 보이고 인도하실 것이다.

내가 네 갈 길을 가르쳐 보이고 너를 주목하여 훈계하리로다(시 32:8).

불분명성과 불확실성이 더욱 고조되고 미혹의 영이 활개를 칠 환난과 종말의 때에도 성령님의 가르침과 인도를 받는다면 우리는 안전할 것이다. 나아가서 주님의 영이 우리를 가르치고 인도하고 계시하도록 영적 훈련을 받는다면, 우리는 장차 이웃과 교회와 도시와 나라 들을 향한 하나님의 선견자로 선지자로 준비될 수 있다. 그러기 위해서는 진리의 영에 주파수를 맞추어야 한다. 진리의 영만이 우리를 인도하고 가르치도록 우리의 생각을 주님께 내어 드려야 한다.

> 그러나 진리의 성령이 오시면 그가 너희를 모든 진리 가운데로 인도하시리니 그가 스스로 말하지 않고 오직 들은 것을 말하며 장래 일을 너희에게 알리시리라(요 16:13).

하나님의 음성을 듣는 삶
—

우리 안에 거하시는 성령님의 인도를 받는 삶은 그리스도인에게 있어서 선택이 아니라 필수다. 성령님의 인도를 받지 않으면 육신과 혼의 욕구에 따라 살 수밖에 없다. 이를 위해 성령께서는 우리를 가르치시고(요 14:26) 진리 가운데로 인도하신다(요 16:13). 성령님께서 하나님의 깊은 사정을 살펴 우리를 가르치시고 계시하실 때, 우리는 하나님의 눈으로 끝에서 시작을 보고, 시작에서 끝을 볼 수 있다. 모든 것이 불확실한 이 시대에 하나님의 성령이 우리를 가르치시고 인도하시는 것만큼 확실한 것은 없다. 성령께서 우리를 인도하시도록 허락하면 우리 삶의 과녁을 맞힐 수 있다.

"믿음은 바라는 것들의 실상이요 보이지 않는 것들의 증거니"(히 11:1)라는 믿음의 길은 보이는 것을 보고 가는 것이 아니라, 초자연적인 하나님 안에서 약속을 바라보고 묵묵히 걸어가는 것이다. 우리는 육신의 눈이 보고 느낀 것에 의해 움직이지 말고, 성령께서 보여 주시는 것을 보고, 들려주시는 것을 듣고 따라가야 한다. 진실로 지금은 성령님의 인도에 의해 움직일 때이지 대중 매체나 다른 사람의 의견을 따를 때가 아니다. 지금은 성령의 가르침과 인도가 절실히 필요한 때다.

우리는 하나님의 음성을 들어야 한다. 이는 로고스인 기록된 하나님의 말씀과 함께 들리는 레마로서의 성령님의 음성이다. 하나님께서는 이 시대에 요엘 선지자가 말한 꿈과 환상과 예언으로 말씀하신다.

그 후에 내가 내 영을 만민에게 부어 주리니 너희 자녀들이 장래 일을 말할 것이며 너희 늙은이는 꿈을 꾸며 너희 젊은이는 이상을 볼 것이며(요엘 2:28).

　우리가 성령으로 충만하면 성령님의 인도가 꿈과 환상, 들리는 음성 등 한 꾸러미로 동시에 오기도 한다. 성령님은 거주하는 곳에서 말씀하시고, 성령 충만할 때 우리는 더욱 빈번하고 명백하게 들을 수 있다.

　우리는 마지막 때가 가까울수록 요한 사도처럼 예수님의 가슴에 머리를 기대고 하나님의 심장에서 나오는 소리를 들을 수 있는 주님과의 친교를 계발해야 한다. 성령님의 인도를 받는 삶은 일시적인 것이 아니라 평생 함께할 친밀한 관계다. 성령님의 인도를 받는 방법은 평생 배우고 지속적으로 계발해야 하는 것이다.

　여호와의 친밀하심이 그를 경외하는 자들에게 있음이여 그의 언약을 그들에게 보이시리로다(시 25:14).

깨닫게 하시고 교정하시는 성령님의 역사
—

성령의 능력과 은사를 강조하다 보면 깨닫게 하시고, 회개하게 하시고, 교정하시는 성령님의 역사를 간과할 수도 있다. 보혜사 성령의 역할 중 하나가 죄에 대하여, 의에 대하여, 심판에 대하여 세상을 책망하시는 것이다.

> 그가 와서 죄에 대하여, 의에 대하여, 심판에 대하여 세상을 책망하시리라(요 16:8).

하나님과 사람 앞에서 자신의 잘못을 인정하고 회개하는 것은 성령과 동행하는 삶을 살기 위한 성숙한 그리스도인에게 매우 중요한 요소다. 스스로 잘못을 깨닫고 회개하는 것도 영으로 인도받는 하나님 자녀들의 특권이지만, 삶의 사소한 것까지도 성령께서 교정의 목적으로 가르쳐 주신다면, 이는 더욱 주님을 닮고 하나님의 온전함으로 나아가는 지름길이 된다.

주님께서 "하늘에 계신 너희 아버지의 온전하심과 같이 너희도 온전하라"(마 5:48)고 말씀하셨다. 온전함에 이르기 위해서는 우리의 말, 태도, 행동, 성격이 변화되고 성숙해져야 한다. 우리는 누구나 온전하지 못하며, 아무리 강인한 사람도 약한 부분이 있기 마련이다.

며칠 전 하나님께서 말씀하신 일을 실행에 옮길 때 아내와 의견 차이가 있었고, 약간의 말다툼이 있었다. 그 일에 대한 서로의 이해가 달랐을 뿐이었다. 결코 다툴 일이 아님에도 불구하고 따지고 이기려고 하는 나의 옛 성격이 나온 것이다. 다음 날 새벽에 꿈인지 환상인지 죽은 쥐를 보여 주시면서 '들고 판다'는 음성을 들었다. 전날에 하나님께는 회개했지만, 새벽기도 가는 차 안에서 아내의 손을 잡고 화낸 것에 대해 용서를 구했다. 부정적인 것을 보여 주시는 것도 깨닫게 하고 교정하시는 성령의 역사다. 성령님이 우리를 모든 진리 가운데로 인도하기를 원하시기 때문이다.

> 그러나 진리의 성령이 오시면 그가 너희를 모든 진리 가운데로 인도하시리니 그가 스스로 말하지 않고 오직 들은 것을 말하며 장래 일을 너희에게 알리시리라(요 16:13).

체험적 신앙생활

—

성도의 신앙생활은 체험적이어야 한다. 체험적 신앙은 어려움과 위기를 이겨낼 수 있는 힘과 능력이 있다. 하나님을 안다는 뜻의 히브리어 '야다'는 체험으로 안다는 의미다. 이는 남자와 여자가 하나 되는 체험을 통해 서로를 아는 것과 같다. 서로 이름과 얼굴만 아는 단계가 아니라, 둘이 하나가 되어 아는 것처럼 매우 친밀한 앎의 관계다.

우리는 오랫동안 체험주의적 신앙생활에 대한 비판을 들어 왔다. 하나님에 대해서, 믿음에 대해서 많이 듣고 아는 것 같지만 실제로는 하나님을 체험하지 못하고 믿음의 능력을 발휘하지 못하는 경건의 모양은 있으나 경건의 능력은 없는 교회의 모습으로 전락하고 말았다. 초대교회 제자들은 부활의 주님을 보았고(막달라 마리아), 만났고(엠마오의 제자) 체험하였다(도마). 그래서 그들이 전한 복음은 역동적으로 생명력 있게 온 세상에 전파될 수 있었다.

21세기를 사는 젊은이들은 포스트모더니즘의 영향을 받은 세대다. 미래학자인 레너드 스윗(Leonard Sweet)은 "포스트모던 세대는 경험하고 싶어 한다"라고 말했다. 기독교의 진리를 알기보다 체험을 원하고, 예배를 통해서도 하나님의 임재를 경험하고 싶어 한다. 이들은 예배의 방관자가 되기보다는 참여자가 되기를 원한다. 그리고 관계성을 중시하며 이미지 중심적이다. 말이나 글보다 이미지나 은유로 표현하기를 좋아한다. 적극적 참여와 하나님의 임재를 강조하고 공동체성을 지향하며, 이미지와 상징을 추구하는 예배를 강조한다. 하나님의 은혜를 체험하는 생활을 통해 그 은혜를 실천하기 원하는 세대다.

이 세대를 위해 종교적 영과 전통을 탈피하고 새로운 기름 부으심 안에서 현저히 다르게 해야만 한다. 지금은 하나님 백성이 그들을 구원하신 하나님의 목적 안에서 구속의 충만함 안으로 들어오는 때다. 수천수만의 사람들이 하나님의 지혜와 계시를 통해 영으로 강화되고 깨어나고 있다.

우리 주 예수 그리스도의 하나님, 영광의 아버지께서 지혜와 계시의 영을 너희에게 주사 하나님을 알게 하시고 너희 마음의 눈을 밝히사 그의 부르심의 소망이 무엇이며 성도 안에서 그 기업의 영광의 풍성함이 무엇이며 그의 힘의 위력으로 역사하심을 따라 믿는 우리에게 베푸신 능력의 지극히 크심이 어떠한 것을 너희로 알게 하시기를 구하노라(엡 1:17-19).

하나님과의 인격적 교제 안으로 들어가게 하는 체험적 신앙생활의 출발점은 기름 부으심이다. 진행 과정은 친밀함이고 그 종착점은 주님과 하나 되는 것이다.

너희는 주께 받은 바 기름 부음이 너희 안에 거하나니 아무도 너희를 가르칠 필요가 없고 오직 그의 기름 부음이 모든 것을 너희에게 가르치며 또 참되고 거짓이 없으니 너희를 가르치신 그대로 주 안에 거하라(요일 2:27).

여호와의 친밀하심이 그를 경외하는 자들에게 있음이여 그의 언약을 그들에게 보이시리로다(시 25:14).

그 날에는 내가 아버지 안에, 너희가 내 안에, 내가 너희 안에 있는 것을 너희가 알리라(요 14:20).

영적 3D 신앙생활

―

요즈음은 3D 영화가 대세다. 3D는 'Three Dimension, Three Dimensional'의 약자로 화면을 넓이, 길이, 높이의 세 각도로 보는 3차원 입체 영상이지만, 통상적으로는 컴퓨터 분야에서 3차원 컴퓨터 그래픽스를 가리키는 용어다. 앞으로는 텔레비전 프로그램도 3D로 제작될 예정이라고 한다. 이는 시청자들이 시청각적 입체감을 느낄 수 있도록 생동감과 현실감을 제공하는 새로운 개념의 방송이 될 것이다.

3D 텔레비전으로 보면 실제 사람의 눈으로 보는 것처럼 생생한 입체 영상을 볼 수 있다. 3D 영상을 보려면 3D 안경을 써야 한다. 이는 두 눈이 보는 영상의 차이를 이용하여 입체감을 느끼게 하는 기술이다. 그러나 앞으로는 안경을 착용하지 않고도 3차원 입체 영상을 보는 시대가 올 것이다. 이러한 기술의 발전은 기존의 2차원

적 모노 영상, 즉 듣고 보는 차원에 느낌이 추가된 것이다. 하나님께서 창조하신 인간의 눈은 3차원 입체 영상을 보도록 만들어졌다. 그리고 넓이와 길이와 높이의 세 각도는 어떤 물체 전체를 보는 것으로 부피를 뜻하기도 한다. 다시 말해 전체와 충만함을 보는 것이다.

그러나 인간은 마음의 눈과 영의 눈으로 볼 수 있는 영이신 하나님의 형상으로 창조되었다. 성령으로 거듭난 사람은 영의 눈으로 영적 실체를 3D로 볼 수 있다. 영적 실체를 듣고, 보고, 느끼는 체험적 신앙생활을 영위할 수 있는 것이다. 오순절 마가 다락방에 성령이 임하셨을 때, 그곳에 모인 사람들은 급하고 강한 바람 같은 소리를 듣고, 불의 혀같이 갈라지는 것을 보고, 성령이 그들의 몸에 임하여 입에서 방언이 터져 나오는 체험을 하였다. 성령이 임하면 이전에는 오직 하나님의 말씀을 설교로만 듣고 눈으로만 읽던 이들에게 성령으로 모든 것, 곧 하나님의 깊은 것까지도 통달하게 하신다(고전 2:10). 그리고 그들은 하나님께 속한 신령한 일을 분별하는 영적 3D 신앙생활을 하게 된다.

우리가 이것을 말하거니와 사람의 지혜가 가르친 말로 아니하고 오직 성령께서 가르치신 것으로 하니 영적인 일은 영적인 것으로 분별하느니라 육에 속한 사람은 하나님의 성령의 일들을 받지 아니하나니 이는 그것들이 그에게는 어리석게 보임이요, 또 그는 그것들을 알 수도 없나니 그러한 일은 영적으로 분별되기 때문이라(고전 2:13-14).

욥은 "내가 주께 대하여 귀로 듣기만 하였사오나 이제는 눈으로 주를 뵈옵나이다"(욥 42:5)라고 고백하였다. 바울 사도는 다메섹 도상에서 빛을 보고, 주님의 음성을 듣고, 눈이 머는 입체적 체험을 통해 주님을 만났다. 그의 삶과 사역은 영적으로 듣고, 보고, 느끼며 분별하는 3차원 입체 신앙이었다.

열아홉 살 때 성령 체험을 한 이후로 하나님께서 주시는 꿈과 환상은 몇 번 있었지만, 주님의 음성을 선명하게 들은 기억은 별로 없다. 그러나 요즈음은 수시로 성령께서 인도하시고 가르치시고 장래 일을 알게 하시는 꿈과 환상, 영적 그림과 함께 하나님의 음성을 듣는 경험을 한다. 그리고 성령의 임재를 예배 때뿐만 아니라 생활 속에서 몸으로 느끼는 과거에 경험하지 못한 3차원 입체 신앙생활을 하고 있다. 그 비결은 성령 충만에 있다.

그 너비와 길이와 높이와 깊이가 어떠함을 깨달아 하나님의 모든 충만하신 것으로 너희에게 충만하게 하시기를 구하노라(엡 3:19).

먼저 그의 나라(통치)와 그의 의(거룩함)를 구하라

—

하나님 나라는 그분의 통치를 의미한다. 예수님께서 제자들에게 기도를 가르치신 후에 먼저 그의 나라를 구하라고 한 것은 그분의 통치, 곧 다스림을 구하라고 하신 것이다. 예수님은 기도에 관한 교훈의 결론으로 마태복음 6장 33절에서 "너희는 먼저 그의 나라와 그의 의를 구하라 그리하면 이 모든 것을 너희에게 더하시리라" 고 말씀하셨고, 하나님의 백성이 먼저 구할 것과 그것에 대한 응답을 약속하셨다.

그것에 앞서 주님은 두 번이나 "목숨을 위하여 무엇을 먹을까 무엇을 마실까 몸을 위하여 무엇을 입을까 염려하지 말라(마 6:25, 31) 이것은 이방인들이 구하는 것이라"고 말씀하셨다. 그리고 마태복음 7장 7절에서 "구하라 그리하면 너희에게 주실 것이요 찾으라 그리하면 찾아낼 것이요 문을 두드리라 그리하면 너희에게 열릴 것이니"라고 말씀하신다. 무엇을 구하고 무엇을 찾고 무엇을 두드리라는 말씀인가? 하나님 나라와 그의 의를 구하고 찾고 두드리라는 것이다. 주님께서 가르쳐 주신 것처럼 기도는 그의 나라와 그의 뜻을 구하는 것이다. 또한 이렇게 기도하라고 하셨다. "나라가 임하시오며 뜻이 하늘에서 이루어진 것 같이 땅에서도 이루어지이다"(마 6:10). 이 기도는 우리의 삶 속에 그분의 나라와 뜻이 이루어지도록 간구하는 것이다.

구약에서 히브리어로 200회 정도 나타나는 하나님 나라는 '말쿠트(malkeuth)'로 통치, 다스림, 왕권의 개념이다. 신약의 '바실레이아(Basileia)' 역시 같은 뜻으로 사용된다. 그러므로 그의 나라를 구하라는 말은 하나님의 다스림을 구하는 것이다. 또한 그의 의를 구하라는 것은 의로움, 곧 거룩함을 구하는 것이다. 세상의 종교를 믿는 이방인들에게 기도는 자신들의 온갖 필요와 욕망을 구하는 것이지만, 우리의 기도는 먼저 하나님의 통치와 그의 의로움을 구해야 한다는 것이다. 그리하면 하늘의 아버지께서 모든 필요를 채워 주시겠다는 약속이다.

우리는 그동안 잘못된 순서로 기도했다. 이제부터라도 자신과 가정과 교회와 나라를 다스려 달라는 기도, 하나님의 의로움이 나와 가정과 교회와 나라에 이루어지도록 구하는 기도를 먼저 하자.

일곱째 천사가 나팔을 불매 하늘에 큰 음성들이 나서 이르되 세상 나라가 우리 주와 그의 그리스도의 나라가 되어 그가 세세토록 왕 노릇 하시리로다 하니(계 11:15).

너희는 하나님으로부터 나서 그리스도 예수 안에 있고 예수는 하나님으로부터 나와서 우리에게 지혜와 의로움과 거룩함과 구원함이 되셨으니(고전 1:30).

내가 (지금도 영혼에) 목마르다

—

사순절은 특별한 회개일인 속죄일의 재의 수요일(Ash Wednesday)에
서 시작되어 성금요일의 슬픔 속에 끝난다. 이 기간 중 주일을 제
외한 40일을 사순절이라고 하는데 가장 절정의 마지막 주간이 고
난 주간이다. 이 기간에 전 세계 그리스도인들은 예수님의 고난과
죽음에 초점을 맞추고 근신과 금식과 회개, 그리고 신앙 성장과 영
적 훈련의 기회로 삼는다. 예수님과 함께 고난과 죽음을 향해 가는
순례의 여정이고 자기 부인의 과정이다.

주님은 제자들에게 "누구든지 나를 따라오려거든 자기를 부인
하고 자기 십자가를 지고 나를 따를 것이니라"(마 16:24)고 말씀하
셨다. 바울 사도는 "나는 날마다 죽노라"(고전 15:31)고 고백했는데,
이 기간에 우리는 자아의 죽음을 배워야 한다. 전통적으로 교회는
이 기간 동안 성경 읽기, 기도, 묵상과 금식을 하며, 오락을 금하고
주님의 고난을 기억하여 고통 속에 있는 이웃을 돌아보았다.

2006년 10월 모라비안 폴스(Moravian Falls)의 'Transformation
Summit'에 참석했을 때, 기도받고 엄청난 진동이 임해 쓰러져 있

는 동안, 환상 중에 주님의 십자가 밑에서 고난당하시는 주님을 보았다. 십자가에 못 박히신 주님을 보면서 나도 팔을 벌렸고, 주님께서 "내가 목마르다" 하셨을 때, 나의 목도 타들어가기 시작하였다. 그리고 주님께서 "내가 영혼에 목마르다"라고 말씀하셨다. 그 순간 주님께서 지금도 목마른 것은 아직까지도 구원하기 원하시는 영혼들 때문이라는 것을 깨달았다. 우리 주님의 목마름을 해결하기 위해서는 더 많은 사람을 구원으로 인도해야 한다는 것도 알게 되었다. 주님께서 고개를 옆으로 떨구시며 "다 이루었다"고 말씀하셨을 때, 나에게 임한 고통도 순식간에 끝나고 평안이 임하는 영적 경험을 했다.

그가 찔림은 우리의 허물 때문이요 그가 상함은 우리의 죄악 때문이라 그가 징계를 받으므로 우리는 평화를 누리고 그가 채찍에 맞으므로 우리는 나음을 받았도다(사 53:5).

하나가 되게 하옵소서

—

요한복음 17장은 하늘로 떠나실 예수님께서 제자들을 위해 하신 기도다. 예수님께서 자신을 위하여 "때가 이르렀사오니 아들을 영화롭게 하사 아들로 아버지를 영화롭게 하게 하옵소서"(1절)라고 기도하셨다. 이는 곧 지실 십자가를 잘 짐으로 하나님께서 아들을 보내신 인류 구원의 뜻을 이루게 해달라는 부탁의 기도다.

그 다음의 기도는 남겨두고 가는 제자들을 위한 기도다. 기도의 주제는 "하나가 되게 하옵소서"(11절)다. 제자들을 위한 주님의 마지막 바람은 제자들이 하나가 되는 것이었다. 하나 됨의 첫 번째 요소는 하나님 말씀의 진리로 거룩하게 되는 것이다. "그들을 진리로 거룩하게 하옵소서 아버지의 말씀은 진리니이다"(17절). 하나님 말씀과 진리는 분리되지 않는다. 거룩함 안에 분리가 있을 수 없다. "아버지와 아들이 서로 안에 있는 것 같이 그들도 우리 안에 있게 하사 하나가 되게 하옵소서"(21-22절)가 예수님의 기도였다.

참된 연합은 주님과의 연합이 우선이고 그 다음이 그리스도인의 연합이다. 그리고 하나 됨으로 인해 "세상으로 아버지께서 나를 보내신 것을 믿게 하옵소서"(21절)라고 하셨다. 십자가는 원수 된 우리를 하나님과 화목하게 하고 하나 되게 하였다. 그리스도인이 십자가로 인해 하나님과 하나 되고 서로가 하나 됨으로 세상이 예수님께서 구원자이신 것을 알게 된다는 것이다. 그래서 성령이 임한 오순절 초대교회의 특징은 한마음과 한 뜻의 사랑과 연합의 공동체였다.

날마다 마음을 같이하여 성전에 모이기를 힘쓰고 집에서 떡을 떼며 기쁨과 순전한 마음으로 음식을 먹고(행 2:46).

믿는 무리가 한마음과 한 뜻이 되어 모든 물건을 서로 통용하고 자기 재물을 조금이라도 자기 것이라 하는 이가 하나도 없더라(행 4:32).

또한 우리가 하나 되어야 함은 주님께서 우리에게 하나님의 영광을 주셨기 때문이다. "내게 주신 영광을 내가 그들에게 주었사오니 이는 우리가 하나가 된 것 같이 그들도 하나가 되게 하려 함이니이다"(22절).

하나님의 영광은 하나님의 불에 삼켜지는 것이요, 임재의 아름다움에 녹아내리는 것이다. 그래서 분리는 있을 수 없고, 하나 되어야 하는 것이다. 하나가 되게 하려 함은 아버지께서 저희를 사랑하신 것을 세상으로 알게 하려 함이다. "곧 내가 그들 안에 있고 아버지께서 내 안에 계시어 그들로 온전함을 이루어 하나가 되게 하려 함은 아버지께서 나를 보내신 것과 또 나를 사랑하심 같이 그들도 사랑하신 것을 세상으로 알게 하려 함이로소이다"(23절).

다시 말해 그리스도인들이 하나가 될 때, 진정으로 하나님께서 저희를 사랑하신다는 것을 세상이 인정하게 된다는 것이다. 그리스도인의 하나 됨은 하나님의 사랑을 세상에 나타내는 것이다. 진정한 부흥은 그리스도인이 하나님 말씀의 진리로 거룩하게 되는 것이요, 하나님의 영광을 소유하고 그리스도와 하나가 됨으로 그분의 제자들이 서로 하나가 되고, 사랑함으로 하나님께서 예수 그리스도를 세상에 보내신 것을 믿게 하고, 하나님의 영광을 세상에 나타내는 것이다. 거룩함, 하나 됨, 영광의 소유, 사랑함이 제자들을 위한 주님의 기도였다.

보라 형제가 연합하여 동거함이 어찌 그리 선하고 아름다운고(시 133:1).

새 계명을 너희에게 주노니 서로 사랑하라 내가 너희를 사랑한 것 같이 너희도 서로 사랑하라 너희가 서로 사랑하면 이로써 모든 사람이 너희가 내 제자인 줄 알리라(요 13:34-35).

부흥을 위한 정결함
—

마태복음 15장에서 바리새인과 서기관들이 예수님께 나아와 제자들이 손을 씻지 않고 떡을 먹는 것은 장로들의 전통을 범하는 것이라고 말했을 때, 예수님은 마음의 정결이 몸의 정결보다 더 중요하다고 말씀하셨다. 그들은 사람의 계명으로 교훈을 삼아 가르치고 하나님은 헛되이 경배한다고 말씀하셨다(마 15:9). 하나님은 사무엘 선지자를 통해 불순종한 사울 왕에게 "순종이 제사보다 낫고 듣는 것이 수양의 기름보다 나으니"(삼상 15:22)라고 책망하셨다. 바울 사도는 디모데에게 말세의 풍조에 대해 "경건의 모양은 있으나 경건의 능력은 부인하는 자"(딤후 3:5)가 있다고 말했다.

오늘날 우리의 교회가 경건의 모양만 있고 능력은 잃어버리지 않았는지 생각해 보아야 하겠다. 무엇이 본질이고 우선인지를 아는 것이 무엇을 행하는가보다 더 중요하다.

예배 장소 확장 공사 후에, 넓어진 장소에 의자를 배열하다가 하나님께 주실 말씀이 있으면 알려 달라고 기도하고 잠자리에 들었다. 꿈에서 확장된 교회의 주일 오전 11시 예배를 인도해야 하는데 5분 늦게 도착했다. 가는 길에 있는 큰 교회에서는 정시에 예배가 시작되었고, 젊은 목회자가 순서에 따라 깔끔하게 예배를 인도했다. 그런데 수년 동안 부흥 사역의 선구자였던 친구 목사가 그 교회에서 나와 내려오면서 웃는 모습을 보았다. 너무 전형적이고 형식적인 예배라 은혜가 되지 않았던 것이다.

교회에 도착해 강대상에 서니 가늘고 긴 한 쌍의 마이크가 준비되어 시험을 해보니 소리가 아주 약한데, 사람들은 잘 들린다는 것이다. 이제 크게 하지 않아도 되고 여유 있게 하라는 교훈이었다. 5분 늦게 도착하고 5분이 또 지체되어 예배를 시작해야 하는데, 장로 혹은 목회자처럼 보이는 어떤 분이 "자, 이제 청소를 합시다"라고 말하는 것이다. 그러자 사람들이 저마다 도구를 들고 청소하기 시작했다. 15분 정도 지난 후에 내가 이렇게 말하고 꿈에서 깼다. "이제 청소가 끝났으니 예배를 시작합시다."

예배 장소 확장 후에 주신 이 꿈의 의미는 예배 장소, 예배 시간, 예배 순서보다 중요한 것은 예배자의 거룩함이고, 성도들의 정결함이라는 것을 가르쳐 주신 것이다. 약속된 부흥의 통로가 되기 위한 예배실을 단장하면서 마음의 성전 또한 정결하게 하라고 하신 것이다. 예수님이 성전을 정결하게 하신 후, 맹인과 저는 사람들을 고치셨다. 정결함과 거룩함을 통해 곧 능력이 나타남을 보여 주신 것이다.

예수께서 성전에 들어가사 성전 안에서 매매하는 모든 사람들을 내쫓으시며 돈 바꾸는 사람들의 상과 비둘기 파는 사람들의 의자를 둘러 엎으시고 그들에게 이르시되 기록된 바 내 집은 기도하는 집이라 일컬음을 받으리라 하였거늘 너희는 강도의 소굴을 만드는도다 하시니라 맹인과 저는 자들이 성전에서 예수께 나아오매 고쳐주시니 (마 21:12-14).

나는 너희의 하나님이 되려고 너희를 애굽 땅에서 인도하여 낸 여호와라 내가 거룩하니 너희도 거룩할지어다(레 11:45).

우리가 마음에 뿌림을 받아 악한 양심으로부터 벗어나고 몸은 맑은 물로 씻음을 받았으니 참 마음과 온전한 믿음으로 하나님께 나아가자(히 10:22).

타협하지 마라

—

타협은 '두 편이 서로 양보하여 협의함, 서로 좋도록 절충하여 협의함'이다. 정치에도 사업에도 인간관계에도 타협은 중요하다. 정치 잘하는 사람은 타협과 중재를 잘하는 사람이요, 사업 잘하는 사람도 타협과 협상을 잘하는 사람이라고 할 수 있다. 사회생활에 순응하기 위해, 다른 사람들과의 원만한 관계를 위해서도 타협은 필요하다. 영어로 'meet halfway'라는 말이 있는데, '서로 양보하여 가운데서 만나다'라는 의미다.

이런 점에서 타협은 긍정의 의미가 있다. 그러나 다른 면에서 타협은 부정적인 의미로 비춰지기도 한다. 이는 어떤 반대에 부딪쳐 자신의 주장을 관철시키지 못하거나, 본래 의도를 굽히는 비굴한 모습으로 비춰지기 때문이다. 더욱이 신앙과 진리 차원에서 타협은 부정적인 면이 절대적이다. 화합은 좋은 의미이지만 타협은 순수성을 잃거나 진리를 저버리는 것으로 여겨지기 때문이다.

그렇다. 신앙생활에서 타협은 용납될 수 없다. 하나님과 세상을 같이 섬길 수 없는 것이다. 또한 진리는 타협과 같이 갈 수 없다. 비진리와 타협하는 순간, 진리는 더 이상 진리가 아니기 때문이다. 교회가 세상의 흐름과 시대 풍조와 타협할 때, 교회로서의 본질을 잃어버리게 되고, 그리스도인이 세상과 타협하며 적당히 신앙생활을 한다면 하나님 자녀로서의 본분을 잃어버리는 것이다. 모든 교회와 사역 단체마다 그들이 추구하는 비전과 목적과 방향이 있다. 처음에는 그 비전과 목적과 방향성을 잘 유지하며 나아가지만 시간이 흐르면서 점차 멀어지고 있다면, 현실과의 타협이 작용했기 때문일 것이다.

2011년 11월 11일 로즈볼 경기장 기도회 'A Line in the Sand'는 하나님께서 모래 위에 선이 그어진 환상을 여러 지도자에게 보여 주심으로 시작되었다. 모래 위에 선이 그어진 환상의 의미는 교회의 세속화와 동성애 합법화에 맞서 '더 이상 타협하지 않겠다, 더 이상 물러서지 않겠다'는 것이다. 다시 말해 배수진을 치고 진리를 사수하겠다는 메시지다. 이를 위해 모여서 오직 회개와 간구, 예배와 선포를 위한 시간을 갖기로 했다. 목적뿐만 아니라 방법도 타협하지 않았다. 유명한 강사도, 설교도, 성가대나 어떤 프로그램도, 심지어는 경비 조달을 위한 어떤 도움도 없이 오직 믿음으로 하나님께 이 땅을 고쳐주시고 다시 한 번 부흥을 달라고 기도했다.

2014년 11월 11일 혼다센터 기도회를 준비하면서 본래 의도를 벗어난 수많은 타협의 시도를 보고, 이렇게 진행하려면 기도회의 의미도 없고, 어려워도 본래 하나님이 주신 비전과 방법으로 나아가야 한다고 주장했다. 하나님은 변치 않으시며 진리도 그러하기 때문이다. 온전한 믿음과 진리는 생명과도 바꿀 수 있고 타협을 용납하지 않는 것이다. 우리가 타협하지 않는 비결은 오직 하나님과의 연합이고, 비진리를 볼 수 있는 영분별의 지혜다.

그러나 내가 이스라엘 가운데에 칠천 명을 남기리니 다 바알에게 무릎을 꿇지 아니하고 다 바알에게 입맞추지 아니한 자니라(왕상 19:18).

하나님의 진동

―

우리는 하나님께서 하늘과 땅, 만국을 진동시키실 마지막 때를 살고 있다. 우리가 경건함과 두려움으로 하나님을 기쁘시게 해야 하는 이유는 만국이 진동하는 때에 진동치 못할 나라를 받았기 때문이다. "그러므로 우리가 흔들리지 않는 나라를 받았은즉 은혜를 받자 이로 말미암아 경건함과 두려움으로 하나님을 기쁘시게 섬길지니"(히 12:28).

하나님께서는 만국을 진동시키시기 전에 하나님 백성을 먼저 진동시키신다. 이 진동으로 우리를 삶의 목적의 충만함 안으로 이끌기 원하시는 것이다. 하나님께서 지금 그분의 교회를 진동시키시는 것도 만물을 회복하기 전에 그리스도의 충만함 가운데 신부의 교회로 회복시키기 위함이다. 하나님의 진동은 우리 자신과 하나님의 교회를 경외심 가운데 거룩한 성품에 참예하게 하는 목적이 있다. "내가 거룩하니 너희도 거룩할지어다"(레 11:45).

마지막 때에 하나님께서 창조하시고, 작정하시고, 주도하시는 거룩한 초청이 있을 것이다. 하나님의 일을 진행시키기 원하시는 그분의 의지에 바르게 응답하는 초청이 우리 앞에 놓여 있다. 그것은 신부의 교회로서의 회복이다. 지금은 하나님께서 그분의 임재와 영광을 이 땅에 강력히 풀어놓으시는 때다. 요엘서 2장에 남종과 여종들에게 주어질 것으로 약속된 말일의 성령의 부으심을 받을 때다. 또한 이사야 11장에 기록된 일곱 영의 풀어놓으심을 보아야 할 때다. "여호와의 영 곧 지혜와 총명의 영이요 모략과 재능의 영이요 지식과 여호와를 경외하는 영이 강림하시리니."

이 새로운 계절은 정치적·경제적·자연적 영역 안에서 하나님의 영적인 역사가 큰 진동으로 번질 것이다. 여호와의 영이 당신을 역사를 창조하는 사람으로 만들 것이다. 이를 위해 우리 존재의 근원까지 흔들려지기 위해 하나님의 진동과 성령의 기름 부으심과 하나님 영광의 충만함을 구해야 한다.

하나님의 임재를 우리의 열정과 우리 마음의 목적으로 삼는다면, 마지막 때의 환난 가운데서도 확고하고 흔들리지 않을 것이다. 그러기 위해서 하나님 나라와 영광에 초점을 맞추고 하나님의 뜻이 하늘에서 이루어진 것 같이, 땅에서도 이루어지도록 기도하고 그 뜻을 이루기 위해 힘써야 한다.

점점 더 나라들이 진동하고 악한 세상의 지도자들이 허사를 경영하며 백성이 세계적 사건들에 혼돈하고 요동하는 이때, 우리는 하나님이 누구이신지를 알고 믿음의 확신과 마음의 평안 가운데 서야 한다. 하나님께서 이미 우리를 진동시키셨지만 우리가 아직 살아 있기 때문이다.

또한 모든 나라를 진동시킬 것이며 모든 나라의 보배가 이르리니 내가 이 성전에 영광이 충만하게 하리라 만군의 여호와의 말이니라(학 2:7).

그 때에는 그 소리가 땅을 진동하였거니와 이제는 약속하여 이르
시되 내가 또 한 번 땅만 아니라 하늘도 진동하리라 하셨느니라(히
12:26).

모든 민족에게 : Air

—

부활하신 예수님께서 제자들에게 마지막으로 분부하시기를 "오직
성령이 너희에게 임하시면 너희가 권능을 받고 예루살렘과 온 유
대와 사마리아와 땅 끝까지 이르러 내 증인이 되리라"(행 1:8)고 하
셨으며, "너희는 가서 모든 민족을 제자로 삼으라"(마 28:19)고 명령
하셨다. 이것이 선교대명령(The Great Commission)이다. 우리가 전할
복음의 대상은 언어와 문화와 풍습이 다른 모든 종족과 부족들, 즉
우리가 노래하는 '모든 민족에게'이다.

  1985년부터 네팔과 인도에서 사역했고, 1997년까지는 아시아
여러 나라 선교를 돕는 중에 특별히 미얀마에 교회와 신학교를 세
우는 일을 하게 되었다. 네팔과 인도의 국교는 힌두교이고, 미얀마
는 불교가 국교다. 신학대학원 졸업을 앞둔 1983년 여름방학 때 처
음으로 아시아 7개국 선교 전지훈련을 갔을 때, 이슬람 국가인 방
글라데시와 파키스탄을 방문하였다. 도시 전체에서 울리는 이슬람

음악과 이슬람 전통 복장을 한 이들이 두렵게 느껴졌다. 파키스탄과 인도의 국경인 암리짜르를 방문했을 때, 구렛나루와 전통 의상을 입고 날카롭고 휘어진 칼을 차고 다니는 남자들의 모습에 '아! 나는 이슬람 선교와는 안 맞다'고 생각했다. 그래서 풀러신학대학원에서 선교학을 공부할 때도 의도적으로 이슬람 관련 과목은 듣지 않았다.

그런데 7년 전 어느 가정에서 기도하는 중에 하나님의 임재가 아주 강하게 임했다. 그때 나는 비몽사몽간에 유창한 아라빅 방언을 하는 경험을 했다. 파키스탄에서 15년 동안 사역하고 있는 선교사가 내가 아라빅 말을 아주 유창하게 했다는 것이다. 잠깐 동안의 초자연적 경험이지만, 하나님의 계획에는 이미 이슬람 선교까지 포함되었던 것이다.

그리고 '전파(Air)'라는 음성을 들었는데 그때는 그 의미를 알지 못했다. 수년 후인 2013년 4월에 그 의미를 알게 되었다. 3억 5천만 명이 가시청권 지역에 포함되어 있고, 실제 시청자 수가 4천여만 명인 아라빅 텔레비전 방송에서 복음을 전하게 된 것이다. 이를 계기로 한국어 방송 채널의 사회를 맡게 되었다. 우리는 부분적으로 알지만 하나님은 모든 것을 다 아신다. 그리고 우리를 부르시고 보내시는 대상은 '모든 민족에게'이다.

또 이르시되 너희는 온 천하에 다니며 만민에게 복음을 전파하라(막 16:15).

사해와 갈릴리 호수

—

2015년 3월 20일 이스라엘 다민족기도회에 참석하기 위해 처음으로 이스라엘을 방문하였다. 남쪽의 사해와 북쪽의 갈릴리 호수는 너무 대조적이어서 인상이 깊었다. 사해는 이스라엘과 요르단에 걸쳐 있는 표면 면적 810제곱킬로미터, 최대 깊이 378미터, 평균 깊이 118미터의 소금 호수다. 요단 강 물이 흘러들지만 빠져나가는 곳은 없고, 들어오는 물의 양만큼 증발이 되기 때문에 염분 농도가 보통 바다의 5퍼센트보다 6배 정도 높은 26-33퍼센트다. 높은 염분 때문에 생물이 살지 못해 죽은 바다라고 일컬어지는 이곳에 들어가면 사람의 몸이 뜬다. 갈릴리 호수는 성경에 게네세렛 호수, 디베랴 바다라고 기록되었는데, 둘레 53킬로미터, 남북 21킬로미터, 동서 11킬로미터, 면적 166제곱킬로미터, 최대 수심 43미터, 평균 26미터다. 북쪽의 헐몬 산에서부터 눈 녹은 물이 흘러 들어와 남쪽 사해로 요단 강이 흘러 나가서 물이 맑고 고기를 비롯한 모든 생물이 풍성하다.

사해는 갈릴리 호수보다 그 면적이 다섯 배나 넓지만 죽은 호수이기 때문에 생명이 살 수 없다. 나무 없는 산과 잔잔한 사해를 바라보면서 감동보다 허탈감이 컸던 것은 물 위에 떠보는 체험을 기대했는데 하지 못한 실망감 때문만은 아니었다. 이곳이 죄악 때문에 유황불로 멸망당한 소돔이 위치한 곳이며, 뒤를 돌아보다가 롯의 처가 소금기둥이 된 곳이라는 것과 하나님을 떠난 삶의 결과는 생명 없는 삶이요, 죽음과 같은 것임을 다시 한 번 깨닫게 되었기 때문이다.

한편 성경을 수없이 읽으며 들었던 갈릴리 호수를 처음 보았을 때 너무나 온화하고 벅찬 감동이 밀려 왔다. 수천 년 동안 고갈되지 않는 생명의 호수 갈릴리! 이곳에서 주님께서 제자들을 부르시고, 풍랑을 잠잠하게 하시고 복음을 전하셨다. 그리고 거니셨다.

예수님이 산상보훈을 가르치신 팔복산에서는 갈릴리 호수 전체가 한눈에 보였다. 너무나도 마음이 벅차 떠나기가 아쉬워 한동안 건너편 마을을 바라보았다. 예루살렘 성벽과 성전 터를 본 감동도 컸지만, 복잡한 도시보다 조용한 디베랴에 살고 싶은 것은 나이가 들어서가 아니라, 오랜 기다림과 친밀한 시간을 통해 이제는 마음의 평안과 성숙을 원하기 때문일 것이다.

내가 진실로 진실로 너희에게 이르노니 내 말을 듣고 나 보내신 이

를 믿는 자는 영생을 얻었고 심판에 이르지 아니하나니 사망에서 생
명으로 옮겼느니라(요 5:24).

생명의 성령의 법 안에 살기

—

죄의 법 안에 있으면 사탄이 주는 부정적인 에너지의 영향으로 의
심, 두려움, 분노, 죄책감, 우울함, 광기가 표출될 수 있다. 사탄은
참소하는 자이며, 거짓의 아비이며, 문제를 어렵게 만드는 대적이
고, 정죄하고, 도적질하고, 죽이고 멸망시키는 자다. 그러나 성령
의 능력은 하나님의 현존을 우리의 영혼 속으로 들어오게 한다. 하
나님이 함께하심으로 우리의 마음속에 믿음, 소망, 사랑, 기쁨, 평
화, 능력, 삶의 목적, 비전, 꿈, 기름 부으심 등이 자리 잡는다. 이
런 속성들이 모든 부정적인 기대와 판단과 맹세와 악한 영들의 세
력을 몰아낸다.

그러므로 이해할 수 없는 상황에서도 하나님께서 성령을 통해
말씀하신 약속들을 믿어야 한다. 하나님은 신실하시며, 그분의 목
적은 반드시 이루어진다는 것을 믿어야 한다. 하나님의 말씀은 마
음의 생각과 뜻을 감찰하시며, 견고한 진을 파하는 강력이요, 모든
생각을 사로잡아 그리스도께 복종하게 하는 능력이다.

무엇이든지 심는 대로 거둔다. 열매 맺을 때까지는 다소 시간이 걸리지만 좋은 씨앗을 심으면 좋은 열매가 맺고, 나쁜 씨앗을 심으면 나쁜 열매가 맺는 것은 명백한 사실이다. 그러므로 믿음으로 모든 일에 감사하자. 감사는 고난의 출구이고 축복의 입구다. 하나님의 모든 약속은 믿음과 인내를 통해 우리의 삶속에서 성취되어질 것이다. 약속의 성취는 불평과 분노가 배제된 기다림과 인내의 시간이다. 인내는 연단을 통한 소망을 낳고, 하나님 안에서 우리의 성품을 다듬어 가는 과정이다.

생명의 성령의 법 안에 사는 것은 모든 부정적인 영향과 죄와 사망의 법에서 해방된 하나님의 영으로 인도받는 하나님의 자녀로서의 삶이요, 성령의 음성을 듣고 영의 일을 생각함으로 생명과 평안에 거하는 영광의 자유에 이르는 삶이다.

또한 생명의 성령의 법 안에 사는 결과는 모든 것이 합력하여 선을 이루고, 우리를 사랑하시는 이로 말미암아 넉넉히 이기는 삶이다. 구원받았어도 죄와 사망의 법에서 완전히 자유하지 못한 사람들은 지금도 여전히 의심과 염려와 불안과 곤고한 삶의 속박에 놓여 있다. 지금부터라도 생명의 성령의 법 안에 살기를 결단하자. 이는 죄와 악을 거부하고, 자신을 부인하고, 하나님의 법에 굴복하고자 하는 결단 위에 성령의 기름이 부어질 때 비로소 시작된다. 생명의 성령의 법 안에 사는 것은 일시적인 것이 아니라 주님과의 지속적이고 친밀한 관계 속에서 유지되는 것이다. 때로는 외롭고 힘들 수 있지만 그 결과는 평안과 생명, 그리고 축복을 약속받는 삶이다.

이는 그리스도 예수 안에 있는 생명의 성령의 법이 죄와 사망의 법에서 너를 해방하였음이라(롬 8:2).

오직 주 하나님께 경배하라 : 예배 회복
—

예배는 '최상의 존재에게 표하는 경의'다. 헬라어 '프로스쿠네오(proskuneo)'는 '절하다, 엎드리다'의 뜻으로 최상의 존재에게 존경, 경의, 찬양, 영광을 드리는 것이다. 무엇보다도 핵심적이고 변하지 않는 진리는 예배의 대상은 홀로 영광받으실 하나님 한 분이시라는 것이다.

어느 목사님과의 대화중에 미국 교회 안에서도 예배에 대한 혼돈이 심각함을 알게 되었다. 그것도 주일 대예배 시간에 있었던 일이라서 더욱 민망했다. 찬양을 한 시간하고 수석 부목사 부부가 담임목사 부부를 강단에 서게 해서 결혼 30주년을 맞은 소감을 들은 후, 유명한 목사들이 목사 부부에게 보낸 축하 메시지 영상을 모든 성도와 교회를 방문한 사람들과 함께 봤다고 한다. 그것도 모자라 한 시간 정도를 가까운 성도들이 나와서 담임목사 부부를 칭찬하고 감사의 마음을 전했다고 한다.

몇 년 전에 유명한 수정교회 부활절 예배에 참석했을 때, 아들 목사가 사회를 보면서 오늘은 아버지 목사님이 이 교회를 설립한지 50주년이 되는 창립기념주일이라고 여러 번 자랑하고 칭찬하는 것을 들었다. 부활주일에 주님의 부활은 퇴색되고 창립 목사를 더 축하한 것은 예배의 본질에서 떠난 언사이고 행동이었다. 그때 이 교회에서 주님의 영광이 떠났다고 생각했는데, 아니나 다를까 몇 년이 못 되어 교회는 파산하고 가톨릭에 넘어 가는 것을 지켜보았다. 문제는 이런 일들이 예배라는 이름으로 미국 교회뿐 아니라, 한국 교회 안에서도 비일비재하게 행해지고 있다는 것이다. 교회의 회복은 결국 예배의 회복에 달려 있다.

이는 공동체의 예배뿐 아니라 개인의 예배에도 적용된다. 주님은 요한복음 4장 24절에서 사마리아 여인에게 "하나님은 영이시니 예배하는 자가 영과 진리로 예배할지니라"고 하셨다. 예배 대상은 오직 하나님이시다. 예배에는 하나님 아닌 그 어떤 것도 들어갈 여지가 없음을 바로 아는 것이 예배의 본질이다.

너는 나 외에는 다른 신들을 네게 두지 말라(출 20:3).

오직 하나님께 경배하라(계 19:10, 22:9).

엎드려 절하세

—

정통 무슬림은 하루에 다섯 번 메카를 향해 절을 하고, 인도의 수많은 신전에서도 인도 사람들은 그들이 섬기는 신상 앞에서 절을 한다. 태국, 대만, 홍콩에서도 출근시간이나 퇴근시간에 길거리 사원에 들려 향을 피우고 연신 절하는 모습을 볼 수 있다. 그들이 섬기는 신은 창조주 하나님도, 만물의 주인이신 하나님도, 살아 계신 하나님도 아니다.

이처럼 의식적이고 죽은 종교는 절을 강요하지만, 진정 엎드려 절할 수밖에 없는 경배는 우리가 하나님의 임재를 경험할 때 자연스럽게 하게 되는 것이다.

요한 사도도 셋째 하늘 경험에서 엄청난 위엄을 가진 천사의 발 앞에 경배하려고 엎드렸을 때 천사가 "오직 하나님께 경배하라"고 하였다(계 22:8-9). 하나님 앞에서는 엎드려 경배하지 않을 수 없음을 보여 주는 말씀이다.

수년 전에 하나님 보좌의 영광을 대하고 그 앞에 납작 엎드리고 녹아진 체험을 통해 가장 마음에 와 닿고 좋아하게 된 찬송이 있다. 36장과 122장이다. 이 찬송가에는 공통적으로 '엎드려'라는 가사가 있다. 36장 1절은 "주 예수 이름 높이어 다 찬양하여라 금 면류관을 드려서 만유의 주 찬양", 4절은 "주 믿는 성도 다 함께 주 앞에 엎드려 무궁한 노래 불러서 만유의 주 찬양"이라고 노래한다. 이는 만왕의 왕이시오, 만주의 주이신 하나님 앞에 이십사 장로들과 모든 천사와 네 생물들이 엎드려 경배하는 천상 예배를 묘사하고 있다.

이십사 장로들이 보좌에 앉으신 이 앞에 엎드려 세세토록 살아 계시는 이에게 경배하고 자기의 관을 보좌 앞에 드리며 이르되(계 4:10).

모든 천사가 보좌와 장로들과 네 생물의 주위에 서 있다가 보좌 앞에 엎드려 얼굴을 대고 하나님께 경배하여(계 7:11).

122장은 목자와 동방 박사들이 왕으로 나신 아기 예수께 경배하는 것을 노래한다. 나는 후렴 부분의 "엎드려 절하세 엎드려 절하세 엎드려 절하세 구세주 났네"를 "구세주 왕께"로 고쳐서 일 년 내내 부르곤 했다. 찬송을 부를 때 전에 경험한 그 강력한 임재를 사모함과 동시에 아직까지 내 안에 완전히 무너지지 않고 있는 자아가 굴복되기를 원하는 간절한 마음을 담는다.

오직 하나님께 경배하라(계 22:9). 이제부터라도 하나님께 엎드려 절(경배)하자. 이는 우리의 몸과 마음과 영을 하나님께 굴복시키는 영과 진리의 예배다.

하나님은 영이시니 예배하는 자가 영과 진리로 예배할지니라(요 4:24).

종교의 영(1) : 비평과 배척
—

종교의 영은 사탄이 풀어놓은 가장 치명적이고 파괴적인 영 중의 하나다. 이 영은 그리스도인으로 하여금 위선적이며 타인을 무조건 비평하고 배척하게 한다. 그래서 진리를 거부하고 주님과 친밀해지는 것을 막는다. 전통은 사람들이 현재 하고 있는 일에 편안함을 느끼게 해서 변화를 수용하지 못하게 한다. 이처럼 종교의 영은 그리스도인에게 옛것과 전통에 안주하게 만들고, 하나님께서 행하시는 새로운 일들과 성령의 역사를 훼방하고 부인하는 역할을 한다. 오늘날 종교의 영이 전통과 진리수호라는 미명 아래 수많은 그리스도인을 속박하고 있다.

조나스 클락 목사는 "종교의 영이란 마귀의 능력으로 성도를 무력화시켜 경건하고 의로운 영적인 생활을 할 수 없도록 영향을 주는 것이다. 따라서 종교의 영은 아주 분명한 영적 계획을 가지고 예수님에 대한 성도들의 이해와 하나님께서 그분의 영광스러운 교회를 세우시기 위하여 쏟으시는 노력에 성도들이 동참하는 것을 방해한다"고 정의하였다.

궁극적으로 종교의 영은 그리스도인들이 사탄의 전략을 알 수 있는 눈을 멀게 하고 믿는 자들의 권세를 제한한다. 종교의 영을 퍼뜨리는 자들 가운데 성령받지 못한 신학자들과 옛 기름 부으심에 안주하는 목회자들이 있다. 종교의 영에 사로잡힌 사람들이 하나님의 진리를 훼방하는 두 가지 큰 일이 있으니, 하나는 성경이 기록된 이후에는 하나님께서 더 이상 말씀하지 않으신다는 것과 사도시대에 나타난 기적이 오늘날에는 그쳤다는 것이다. 이들은 성경이 있기 때문에 하나님으로부터 오는 개인적 말씀이 필요 없다고 믿는 것 같다. 그리고 성경은 우리가 아픈 사람을 위해 기도해야 한다고 분명히 가르치고 있다. 하나님은 계시의 하나님이시다. 요한계시록 1장 1절은 "예수 그리스도의 계시라 이는 하나님이 그에게 주사 반드시 속히 일어날 일들을 그 종들에게 보이시려고 그의 천사를 그 종 요한에게 보내어 알게 하신 것이라"고 하였다.

오늘날도 하나님께서는 그분의 종들에게 앞으로 일어날 일들을 계시하신다. 요엘서 2장 28절은 "너희 자녀들이 장래 일을 말할 것이며"라고 하였으며, 요한복음 16장 13절은 "그러나 진리의 성령이 오시면 그가 너희를 모든 진리 가운데로 인도하시리니 그가 스스로 말하지 않고 오직 들은 것을 말하며 장래 일을 너희에게 알리시리라"고 하였다. 성령께서 그리고 하나님께서 계시하시지 않는데 어떻게 장래 일을 말할 수 있겠는가? 그리고 초대교회 때만 국한된다면, 오늘날은 성령이 역사하지도 않고 성령의 인도를 받지 못한다는 말인가? 우리 하나님은 사랑하는 자들을 위해 그분의 계시를 듣고 보고 마음으로 생각하도록 예비해 놓으셨고, 직접적으로 개인적으로 말씀하신다.

기록된 바 하나님이 자기를 사랑하는 자들을 위하여 예비하신 모든 것은 눈으로 보지 못하고 귀로 듣지 못하고 사람의 마음으로 생각하지도 못하였다 함과 같으니라(고전 2:9).

종교의 영(2) : 믿음의 권세 제한

—

종교의 영은 초대교회에 나타난 병 고침을 포함한 기적들이 오늘날에는 일어나지 않는다고 가르친다. 이 가르침을 받은 그리스도인들은 병 고침에 대한 기대나 믿음도 없고 오히려 금기시하고 거부하는 경향까지 있다. 종교의 영은 이것을 이용해서 그리스도인들이 가진 믿음의 권세를 제한하고 있다. 주님은 제자들에게 더러운 귀신을 □아내며 모든 병과 모든 약한 것을 고치는 권능을 주셨다. 마태복음 10장 1절에 "예수께서 그의 열두 제자를 부르사 더러운 귀신을 쫓아내며 모든 병과 모든 약한 것을 고치는 권능을 주시니라"고 기록되었다. 또한 제자들의 믿음 없음을 꾸짖으시며, 마가복음 16장 17-18절에 "믿는 자들에게는 이런 표적이 따르리니 곧 그들이 내 이름으로 귀신을 쫓아내며 새 방언을 말하며 뱀을 집어올리며 무슨 독을 마실지라도 해를 받지 아니하며 병든 사람에게 손을 얹은즉 나으리라"고 하셨다. 이처럼 성경은 우리가 아픈 사람을 위해 기도해야 한다고 분명히 가르친다.

성령의 기름 부으심이 임한 후, 병 고치는 은사를 확증시켜 주기 위해서 성령께서 개인적으로 들려주신 성경 말씀이 "병든 사람에게 손을 얹은즉 나으리라", "병을 고치는 주의 능력이 예수와 함께 하더라"(눅 5:17)는 구절이다. 처음에 '병든 사람에게 손을 얹은즉 나으리라'는 말씀을 들었고, 이 말씀에 순종했을 때 '병을 고치는 주의 능력이 예수와 함께하더라'는 음성을 들었다. 이처럼 성령의 음성을 들으면, 순종하게 되고 순종할 때 믿음이 커진다. 오늘날도 주님은 성령의 능력이 함께하는 사람들을 통해 치유의 역사를 행하시고, 나아가서 창의적인 이적과 기사까지도 나타내신다.

수년 전에 매일 우리 집 앞을 목발을 짚고 지나가던 45세의 한 히스패닉 남성이 있었다. 그는 1살 때 소아마비를 앓았는데 그로 인해 44년 동안 왼쪽 다리를 절었다. 오른쪽 다리보다 왼쪽 다리가 현저히 짧았고 철로 된 보조기구를 차고 있었다. 집 계단에 앉아 기도했더니 짧은 다리가 자라나서 44년 만에 처음으로 어깨가 맞게 두 발로 반듯이 서게 되었다.

다음날 아침에는 운동하면서 양손이 쥐어지지 않는 젊은 부인을 위해 기도했는데 어깨와 팔 다리는 치유되었는데 양손은 진전이 없었다. "주님께서 용서하라고 하십니다"라고 말했더니, 깜짝 놀라며 옆에 있는 사람이 "○○ 집사를 용서하라는 말씀인가 보네요" 하며 자기들끼리 이런저런 이야기했다. 그래서 용서의 기도를 드린 후에 다시 기도했다. 그러자 뜸을 떠서 모든 손마디가 시퍼랬는데 그 양손이 쥐어지는 것이다.

이렇듯 주님은 오늘도 기름 부으심을 받은 사람들을 통해 병 고침의 역사를 행하신다. 이적과 기사를 배척하는 형태는 종교의 영이요, 성령의 능력을 부인하는 것이 바리새인과 같이 종교의 영에 사로잡힌 것이다. 종교의 전통을 지키는 바리새인들과 율법을 가르치는 율법교사들이 앉았을 때, 병을 고치는 주의 능력이 예수와 함께하였다. 그리고 주님께서 중풍병자를 고치셨다(눅 5:17-25). 병을 고치는 주의 능력이 통쾌하게 종교의 영을 깨뜨린 것이다.

하루는 가르치실 때에 갈릴리의 각 마을과 유대와 예루살렘에서 온 바리새인과 율법교사들이 앉았는데 병을 고치는 주의 능력이 예수와 함께 하더라(눅 5:17).

고정관념 탈피 : 현저하게 다르게 하라

—

어느 날 '현저하게 다르게 하라'는 아주 뚜렷한 내적 음성을 들었다. 신앙생활에서 고정관념은 성숙과 진전의 걸림돌이 된다. 흐르지 않는 물은 썩듯이 고정관념은 결국 전통과 종교의 영이 되어 하나님의 역사를 가로막는 역할을 한다는 사실을 많은 사람들이 간과하고 있다. 우리는 하나님의 은혜로 새로운 피조물이 되었다. 새일을 행하는 하나님이시다. 하나님은 새 하늘과 새 땅을 가져 오실 것이다. 우리는 이 새 하늘과 새 땅을 바라보아야 한다. 궁극적으로 우리는 새 하늘과 새 땅에 살 백성이다. 그러므로 영적으로 늘 새롭게 생각하고, 새로운 것을 받아들일 수 있도록 열려 있어야 한다.

하나님의 진리는 확정되었고 불변하지만, 우리가 그 진리를 다 알고 체험한 것은 아니기 때문에 진리의 성령이 모든 진리 가운데로 인도하고 장래 일을 알 수 있도록 겸손하고 열린 마음을 소유해야 한다. 즉 새 포도주를 담기 위한 새 가죽 부대가 되어야 하는 것이다. 예수님께서 마태복음 9장 17절에서 "새 포도주를 낡은 가죽 부대에 넣지 아니하나니 그렇게 하면 부대가 터져 포도주도 쏟아지고 부대도 버리게 됨이라 새 포도주는 새 부대에 넣어야 둘이 다 보전되느니라"고 하셨다. 또한 우리는 하나님과 그분의 시대적 역사를 알기 위해 지혜와 계시의 정신을 위해 기도해야 한다.

우리 주 예수 그리스도의 하나님, 영광의 아버지께서 지혜와 계시의 영을 너희에게 주사 하나님을 알게 하시고(엡 1:17).

오픈 헤븐 기도회에서 일어난 초자연적이고 이 시대에 하나님의 임재와 영광을 사모하는 자들에게 보여 주시는 하나님의 새로운 역사를 들은 어떤 분이 "나는 그것을 중요하게 생각하지 않는다"라고 말했다. 나는 그에게 "하나님께서 하시는 일은 아주 작은 것도 모두 중요하지요"라고 말했다. 하나님은 움직이지 않는 우상이 아니요, 기독교는 고정적 종교(Static Religion)가 아니다. 하나님은 살아서 오늘도 새 일을 행하시며 움직이고 일하신다.

오랫동안 믿어온 신앙의 고정관념 때문에 하나님의 새 역사를 거부하면, 새 역사에 동참할 수도 없고, 부지중에 성령의 역사를 부인하게 되고 하나님을 자신의 틀 안에 가두는 예수님 당시의 바리새인과 서기관들의 전철을 밟게 될 것이다. 하나님은 우리의 동의를 구하고 새 일을 행하시는 분이 아니시다. 우리가 현저히 다르게 생각하고, 현저히 다르게 해야 한다. 고정관념을 깨고 현저히 다르게 할 때, 엄청난 추수가 일어날 것이다. 그것은 하나님께서 이사야 선지자를 통해 말씀하신 것처럼, 마지막 때의 하나님의 새 역사에 동참하는 일이다.

너희는 이전 일을 기억하지 말며 옛적 일을 생각하지 말라 보라 내가 새 일을 행하리니 이제 나타낼 것이라(사 43:18-19).

건너편으로 가기

—

오래전 수양관 답사를 다녀오던 길에 호수에서 낚시하는 사람을 보았다. 가까이 다가가서 많이 잡았느냐고 물었더니 네 시간째 한 마리도 못 잡았다고 했다. 건너편에는 고기가 많은데 이곳에는 없다는 것이다. 정말 건너편을 바라보니 고기가 많을 것 같았다. 마음속으로 '건너편으로 가면 되지'라고 생각하다가 배가 없으면 건널 수 없다는 것을 알았다.

몇 년 전에 후버 댐 위 미드 호수에서 배를 타고 건너간 사람들이 잡은 많은 고기를 본 기억이 있다. 그렇다. 같은 호수라도 도로

와 인기척이 없는 곳으로 배를 타고 건너가야 고기를 많이 잡을 수 있다. 마태복음 14장에서 예수님은 제자들에게 먼저 배를 타고 건너편으로 가게 하셨다. 그러나 제자들은 역풍 때문에 건너가지 못하고 어려움을 겪었다. 그때 주님이 물 위로 걸어 오셔서 배에 오르시자 바람이 그치고 무사히 건너편에 도착할 수 있었다.

많은 사람이 배가 없어서, 즉 믿음이 없어서 건너편으로 가지 못한다. 배를 타고 있으면서도(믿음이 있으면서도), 바람과 파도에 거슬려(근심과 시련을 넘어서지 못해) 건너편으로 가지 못한다. 믿음이 있어야 고기가 많이 잡히는 건너편으로 갈 수 있다. 믿음이 강해야 바람과 파도를 헤쳐 나갈 수 있다. 이는 우리 믿음의 배에 주님을 모시는 것이다. 내 생각의 건너편으로 가자. 내 고정관념의 건너편으로, 내 이성과 사고의 건너편으로, 내 습관의 건너편으로 가야 한다. 종교생활의 건너편으로 의식과 외식을 넘어 믿음의 야성이 있는 건너편으로 가야 한다. 같은 일을 계속하면서도 발전이 없는 것은 고기 없는 곳에서 하루 종일 낚싯대를 던지는 것과 같다.

많은 사람이 스스로의 생각과 욕망에서 떠나지 못한다. 하지만 우리는 반드시 이성의 건너편으로 가야 한다. 때로는 이해하지 못하는 곳으로 발걸음을 옮기는 것이 다가올 날의 강력한 무기가 되게 하는 하나님의 방법임을 아는 것은 큰 복이다. 우리를 어려운 장소로 인도하시는 것은 행동의 믿음을 소유하게 하심이요, 내일을 위한 기회임을 기억해야 한다.

불가능할 것 같은 도전도 믿음에 의해 움직일 수 있다. 도전하는 사람에게 어제까지 닫힌 것들이 오늘 열릴 것이다. 처음에는 하나님께서 준비해 놓으신 모든 것을 볼 수는 없지만 건너편으로 가면, 우리를 위해 예비하신 것을 보고 감격할 것이다. 때로는 바람에 거슬리고 우리의 힘이 기진해도 반드시 주께서 오실 것을 믿어야 한다. 주님이 보내시는 건너편에는 많은 수확이 있다. 믿음과 순종이 건너편으로 가는 열쇠이고 그 결과는 고기를 많이 잡는 것이다.

내 종 모세가 죽었으니 이제 너는 이 모든 백성과 더불어 일어나 이 요단을 건너 내가 그들 곧 이스라엘 자손에게 주는 그 땅으로 가라 (수 1:2).

이르시되 그물을 배 오른편에 던지라 그리하면 잡으리라 하시니 이에 던졌더니 물고기가 많아 그물을 들 수 없더라(요 21:6).

선구자

—

영어 'Frontier'는 나라를 구분하는 국경을 뜻하기도 하고, '선구자' 혹은 '개척자'라는 의미다. 경계선을 넘는 것이요, 아직 가보지 않은 길을 먼저 가고, 뒤에 오는 사람들의 길을 여는 자다.

한 번은 꿈속에서 혼자 광부가 쓰는 등 달린 안전모를 쓰고 산에서 곡괭이로 터널을 만들고 있었다. '언제 이 산이 뚫릴까' 생각하며 곡괭이를 내리쳤을 때, 갑자기 뚫리며 아래로 넓게 펼쳐진 평원에 포도밭이 가득했다. 그리고 '네 뒤에 오는 많은 사람들은 포장된 아스팔트 위로 차를 타고 올 것이다'라는 음성을 들었다.

선구자와 개척자는 길을 예비하고 여는 자다. 세례 요한은 광야에서 외치는 소리로 주의 길을 예비하였다. 예수님의 첩경을 평탄하게 하였다. 마태복음 3장 3절에 "그는 선지자 이사야를 통하여 말씀하신 자라 일렀으되 광야에 외치는 자의 소리가 있어 이르되 너희는 주의 길을 준비하라 그가 오실 길을 곧게 하라 하였느니라"고 하였다. 높은 산을 올라가는 등반대에는 선봉대로 길을 여는 사람이 있다. 새로운 길을 여는 선구자는 다른 사람의 경험을 답습하지 않는다. 그 길을 가본 사람이 없기 때문에 도움받기 힘들고 스스로 터득하며 가는 자다.

2006년 4월에 아주사 백주년 집회 때 수백 명이 기도하던 중, 옆에 있는 사람과 서로를 위해 기도해 주는 시간이 있었다. 내 옆에는 백인 중년 부인이 있었는데, 하나님께서 나에게 하신 말씀 하나하나를 너무나도 정확하게 확증해 주었다. 그 후 이 년 동안 힘들 때마다 전화로 기도 부탁을 하고 확증받는 일들이 있었다. 그런데 언제부터인가 나에 대해 일주일을 기도해도 하나님께서 아무 말씀도 하지 않으시고 보여 주시지 않는다는 것이다. 높은 산을 오르는데 그동안 더 높은 곳으로 올라온 것이다. 이 일을 통해 가파르게 올라가는 길이 나에게도 보이지 않고, 뒤에 오는 사람도 알려줄 수 없음을 알게 되었다. 영적 선구자의 인도자는 기록된 말씀과 성령의 음성이다.

주의 말씀은 내 발에 등이요 내 길에 빛이니이다(시 119:105).

그러나 진리의 성령이 오시면 그가 너희를 모든 진리 가운데로 인도하시리니 그가 스스로 말하지 않고 오직 들은 것을 말하며 장래 일을 너희에게 알리시리라(요 16:13).

때가 찼다

—

때때로 하나님의 음성은 완전한 문장이 아니라 부분적으로 들리기도 한다. 언젠가 'The fullness time has come'이라든지, 'Fullness of Time'인데, 그냥 'Fullness Time'이라고 하셨다. 하나님 음성의 패턴이 종종 그런 것처럼 해석을 남겨 두신 것이다. '때가 찼다'는 것은 확실했다. 하나님은 알파와 오메가이시요, 시작과 끝이시라는 말은 그분은 영원하다는 말씀이지만, 인간의 시간 속에 나타나는 하나님의 역사에는 한 세대가 가고 한 세대가 시작되는 시작과 끝이 분명히 있다.

우리는 성경 예언이 성취되려면 반드시 세상 모든 민족에게 복음이 전파되어야 하며, 하나님의 영광을 아는 지식이 물이 바다를 덮음같이 온 세상에 가득해야 함을 믿는다. 그럼에도 불구하고 이 역사를 위해 우리는 지금 옛 시간의 끝에 왔고, 새 시간 탄생의 때가 되었음을 감지할 수 있다. 분명한 것은 엄청난 하나님의 영광이 온 교회들 위에 풀어질 것이라는 사실이다.

이제 하나님의 영광이 임하고 머물 뿐 아니라, 그 영광이 '움직이는 영광(Moving Glory)'이 되어, 곳곳에서 영광의 임재와 기적의 소식들이 들려올 것이다. 이제 하나님의 영광을 경험하는 성도들은 일어나 빛을 발할 것이다. 강력한 치유의 역사와 사도적 설교와 그에 따르는 표적들이 많은 사람을 구원할 것이다. 초대교회 이후로, 아주사 부흥 이후로 약속된 하나님 영광의 방문의 날이 다가왔다.

여호와여 내가 주께 대한 소문을 듣고 놀랐나이다 여호와여 주는 주
의 일을 이 수년 내에 부흥케 하옵소서 이 수년 내에 나타내시옵소
서(합 3:2).

지난날의 모든 어려움, 고통, 기다림의 시간은 새 계절을 위해 준비되는 과정이다. 이제 그간의 깨어짐 가운데 충만함이 있을 것이다. 하나님께서 그분의 때에 모든 것을 아름답게 하실 것이다. 우리는 주님이 부활의 새벽을 기다리셨듯이, 마지막 어둠의 순간을 인내해야만 한다. 약속은 오래 참음으로 받는 것이다.

이르시되 때가 찼고 하나님의 나라가 가까이 왔으니 회개하고 복음
을 믿으라 하시더라(막 1:15).

카이로스와 크로노스(1) : 하나님의 때와 인간의 때

—

헬라어로 카이로스는 '하나님의 때'를, 크로노스는 '인간의 때'를 말

한다. 하나님은 때와 시한을 정하시고 때에 따라 역사하신다. 천하에 범사가 기한이 있고 모든 목적이 이룰 때가 있다(전 1:1). 하나님께서 지으신 모든 것은 때를 따라 아름답게 이루어질 것이다(전 3:11). 이것은 역사에 하나님의 창조와 구원과 심판의 원칙과 섭리가 드러나는 카이로스, 즉 하나님의 때다. 특별히 '그 때에, 그 날에, 말일에'는 카이로스의 시간으로 하나님께 속했고 하나님이 정하신 때다. 예수님께서도 세상 종말의 때에 대해서 "그 날과 그 때는 아무도 모르나니 하늘의 천사들도, 아들도 모르고 오직 아버지만 아시느니라"(마 24:36)고 말씀하셨다. 그리고 카이로스의 때는 인간이 예측할 수 없는 미래의 것이다.

카이로스(하나님의 때)와 크로노스(인간의 때) 중간에 시대의 때가 있다. 이 시대의 때는 하나님의 때와 인간의 때를 분별하는 가늠자다. 우리가 정확한 하나님의 때를 알지 못하기 때문에 시대를 분별함이 더욱 요구된다. 그날과 그때는 모르지만 시대의 징조를 통해 하나님의 때가 가까이 왔음을 알 수 있다. 엘리야가 갈멜 산에서 구름 한 조각의 징조를 보고 큰 비가 내릴 것을 안 것처럼 말이다. 시대를 분별하는 능력이 있는 사람이 지혜롭고 성공할 수 있다. 시대의 때는 성경이 시대적으로 예언한 것들의 성취 과정을 통해, 세상에서 일어나는 정세나 자연의 변화 등을 통해 추측할 수 있다.

그러면 크로노스, 인간의 시간, 나의 때는 무엇을 말하며 그것은 언제인가? 주님은 가나 혼인잔치에서 어머니로부터 포도주가 떨어졌다는 말을 듣고 "내 때가 아직 이르지 아니하였나이다"(요 2:4)라고 대답하셨다. 주님은 사역을 시작할 때를 아셨고 그때를 기다리셨다. 인간의 때는 하나님의 부르심, 그분에 대한 순종, 부르심에 맞는 인격과 능력이 준비되었을 때 시작된다. 이는 성령의 능력과 은사의 통로가 될 사람의 그릇을 준비시키는 과정이다. 성령의 아홉 가지 은사와 함께 아홉 가지 열매가 중요한 것은 인간의 때와 관련이 있다. 그리고 그 완성은 사랑이다. 인간의 때는 쓰임 받기 위해 준비되는 과정이 요구되기 때문에 사람에 의해 많이 좌우된다. 그 과정은 믿음, 순종, 희생, 인내를 거쳐 사랑에 이르는 시험과 훈련의 과정이다. 이와 같이 하나님의 때, 시대의 때, 인간의 때에 쓰임을 받는 사람이 가장 복되다.

나의 앞날이 주의 손에 있사오니 내 원수들과 나를 핍박하는 자들의 손에서 나를 건져 주소서(시 31:15).

카이로스와 크로노스(2) : 하나님의 때와 시대의 때

—

때와 시기는 전적인 하나님의 영역이다. 태초에 하나님이 천지를 창조하실 때 궁창에 해와 달과 별을 만드시고 그 광명으로 징조와 사시와 일자와 연한을 이루게 하셨다. "하나님이 이르시되 땅은 풀과 씨 맺는 채소와 각기 종류대로 씨 가진 열매 맺는 나무를 내라 하시니 그대로 되어"(창 1:11). 전도서 3장 1절에서 "범사에 기한이 있고 천하 만사가 다 때가 있나니"라고 하였으며, 1장 4절에서 "한 세대는 가고 한 세대는 오되 땅은 영원히 있도다"라고 하였다. 우리 인생의 흥망성쇠는 하나님의 주권에 달려 있고, 우리가 사는 시대 안에 속해 있다. 하나님의 때가 있고, 시대의 때가 있으며, 인간의 때가 있다. 하나님은 때를 따라 새 일을 행하신다.

보라 내가 새 일을 행하리니 이제 나타낼 것이라 너희가 그것을 알지 못하겠느냐 반드시 내가 광야에 길을 사막에 강을 내리니(사 43:19).

우리는 이사야서 60장이 말하는 "어둠이 땅을 덮을 것이며 캄캄함이 만민을 가리는"(2절) 시대에 살고 있다. 어둠의 세력들은 2013년과 2014년에 연이어 신세계 질서, 자신들의 시대의 원년으로 선포하고 공공연히 자신들의 계략을 펼쳐 보이고 있다. 그러나 이때는 여호와의 영광이 임하고 나타나는 영광의 시대다. "오직 여호와께서 네 위에 임하실 것이며 그의 영광이 네 위에 나타나리니"(2

절). 홍해가 가로 막고 바로의 군대가 추격해 와도, 하나님은 이스라엘 백성을 위해 홍해를 육지처럼 가르셨다.

이 시대는 요엘 선지자를 통해 약속하신 모든 육체에게 성령을 부어 주시는 마지막 부흥의 시대다. 또한 "이는 물이 바다를 덮음 같이 여호와의 영광을 인정하는 것이 세상에 가득함이니라"(합 2:14)는 말씀이 이루어지는 부흥의 때다. "그 작은 자가 천 명을 이루겠고 그 약한 자가 강국을 이룰 것이라 때가 되면 나 여호와가 속히 이루리라"(사 60:22)고 하셨다.

방탕하게 살던 어거스틴은 로마서 13장 11-14절 말씀을 하나님 음성으로 듣고 회심하여 신학의 체계를 세우는 위대한 업적을 남겼다. "자다가 깰 때가 벌써 되었으니…어둠의 일을 벗고 빛의 갑옷을 입자…육신의 일을 도모하지 말라." 그 시대를 위한 인간의 때가 준비된 것이다.

인간의 때는 무엇을 말하는가? 하나님의 때와 시대의 때에 쓰임받을 사람으로 준비되는 것이다. 정결하고 거룩한 그릇으로 준비되는 때다. "이 모든 것이 이렇게 풀어지리니 너희가 어떠한 사람이 되어야 마땅하냐 거룩한 행실과 경건함으로, 우리는 그의 약속대로 의가 있는 곳인 새 하늘과 새 땅을 바라보도다"(벧후 3:11, 13). 이때에는 모든 거룩한 자가 주와 함께할 것이다.

나의 하나님 여호와께서 임하실 것이요 모든 거룩한 자들이 주와 함
께 하리라(슥 14:5).

하나님 앞에서 겸손하게 준비되어야 하는 때다. "그러므로 하나
님의 능하신 손 아래에서 겸손하라 때가 되면 너희를 높이시리라"
(벧전 5:6). 신앙의 인격과 성품으로 준비되는 때다. "하나님 아버지
앞에서 정결하고 더러움이 없는 경건은 곧 고아와 과부를 그 환난
중에 돌보고 또 자기를 지켜 세속에 물들지 아니하는 그것이니라"
(약 1:27).

나의 최상의 시간은 아직 오지 않았다. 나의 최상의 시간은 지금
부터다. 얼마 전 꿈에서 '결국 내 때가 왔다!(Finally, my time has come)'
고 말씀하셨다. 로스앤젤레스와 캘리포니아, 세계적 부흥의 때 그
부흥을 위해 쓰임받을 때가 왔다는 것이다.

너희는 넉 달이 지나야 추수할 때가 이르겠다 하지 아니하느냐 그러
나 나는 너희에게 이르노니 너희 눈을 들어 밭을 보라 희어져 추수
하게 되었도다(요 4:35).

다음 걸음, 다음 단계, 다음 계절

우리는 이전 것은 점점 효력을 잃어가고, 새로운 것은 아직 드러나지 않은 전환의 시점을 맞고 있다. 영적으로는 지난 500년간의 개혁교회의 시대가 저물어가면서 주님의 재림을 준비하는 거룩하고 영광스러운 신부의 교회, 사도적 선지자적인 교회가 출현하고 있으며, 하나님이 직접 가져 오시는 영광의 부흥의 시대가 본격적으로 시작되고 있다. 진실로 하박국 선지자의 예언처럼 "여호와의 영광을 인정하는 것이 세상에 가득함이니라"(합 2:14)는 말씀이 성취되는 하나님 나라의 부흥이 이제 임할 것이다.

이를 위해 하나님께서 이 시대를 향한 그분의 계획을 풀어놓을 사람들을 찾으시고, 그분의 음성을 듣는 사람들을 이미 곳곳에 준비시켜 놓으셨다. 이제 다음 걸음, 다음 단계, 다음 계절이 준비된 사람들에게 열릴 것이고, 하나님의 진군 나팔 소리를 듣게 될 것이다. 군인이 전쟁을 위해 집결하고 정렬하듯이, 하나님께서 원하시는 장소에 머무는 것이 무엇보다 중요하다.

지금 하나님께서 이 땅에 이루어질 그 나라에 미칠 역량을 극대화하기 위해 준비된 사람들을 전략적으로 배치시키고 미래의 전진을 위해 그들을 최종적으로 점검하고 계신다. 그러나 주님의 명령이 떨어지기 전까지는 경거망동하지 말고 조용히 다음 걸음, 다음 단계, 다음 계절에 들어가기 위한 행동 지침을 받고 숙지해야 한다. 사람이 평생 이루지 못한 일을 주님께서 순식간에 이루실 것이다. 준비된 사람에게 부흥이 임할 것이다. 수많은 영혼을 위한 잔치가 준비되고 있다. 다음 단계에서는 춤을 추라고 말씀하신다. 이전에는 불가능했던 일들이 상상하는 수준 이상으로 가능하게 될 것이다. 하나님께서 우리를 위해 새로운 힘을 주시므로 불가능한 일을 행할 것이며, 우리를 가로막고 있던 장벽을 부수고 나아갈 것이다. 하나님께서 말씀하신 일을 행할 때, 우리가 "내게 능력 주시는 자 안에서 내가 모든 것을 할 수 있느니라"(빌 4:13)는 말씀의 성취를 보게 될 것이다.

이를 위해 다음 계절로 들어가는 다음 걸음은 주님이 인도하시는 걸음이어야 한다. "사람이 마음으로 자기의 길을 계획할지라도 그의 걸음을 인도하시는 이는 여호와시니라"(잠 16:9). 또한 다음 단계 역시 주님이 주시는 승진이어야만 한다. "무릇 높이는 일이 동쪽에서나 서쪽에서 말미암지 아니하며 남쪽에서도 말미암지 아니하고 오직 재판장이신 하나님이 이를 낮추시고 저를 높이시느니라"(시 75:6-7). 다음 계절은 자신을 굴복시키고 정결함에 머물며, 전심으로 하나님을 찾고 그분의 음성 듣기를 사모하는 자들에게 평안한 추수를 가져다 줄 것이다. "곧 평강의 씨앗을 얻을 것이라 포도나무가 열매를 맺으며 땅이 산물을 내며 하늘은 이슬을 내리리니 내가 이 남은 백성으로 이 모든 것을 누리게 하리라"(슥 8:12).
이는 사람이 이루는 부흥이 아니라 하나님이 직접 가져오시는 영
광의 부흥이다.

여호와의 영광이 나타나고 모든 육체가 그것을 함께 보리라 이는 여
호와의 입이 말씀하셨느니라(사 40:5).

그 때에 네가 보고 기쁜 빛을 내며 네 마음이 놀라고 또 화창하리니
이는 바다의 부가 네게로 돌아오며 이방 나라들의 재물이 네게로 옴
이라(사 60:5).

Chapter

03

하나님의
레마 음성

하나님의 음성 듣기

—

하나님은 오늘도 말씀하신다. 성령으로 거듭난 그리스도인들은 하나님의 음성을 들을 수 있다. "내 양은 내 음성을 들으며 나는 그들을 알며 그들은 나를 따르느니라"(요 10:27). 이는 주님의 음성이며 성령의 음성으로 가르치시고, 생각나게 하시고(요 14:26), 인도하시며(요 10:3) 우리의 장래 일을 알려주신다.

그러나 진리의 성령이 오시면 그가 너희를 모든 진리 가운데로 인도하시리니 그가 스스로 말하지 않고 오직 들은 것을 말하며 장래 일을 너희에게 알리시리라(요 16:13).

그러므로 하나님께서 성경이 기록된 후에는 개인에게 말씀하시지 않는다는 것은 사탄의 속임수이고 거짓말이다. 사탄은 거짓말로 주님과의 친밀한 교제를 가로막아 왔다. 기도는 하나님과의 대화다. 우리가 하나님께 구하는 것만이 아니다. 사무엘처럼 "말씀하옵소서 주의 종이 듣겠나이다"(삼상 3:10)라는 기도를 해야 한다. 하나님은 하나님의 음성 듣기를 간절히 사모하는 그분의 백성에게 오늘도 말씀하신다.

오십 대 초반에 너무나 분명한 성령의 음성을 듣기 시작한 이후로 다양한 형태로 듣고 있다. 열아홉 살 때 성령 체험을 하고 선교사로, 교수로, 목사로 사역하면서 기록된 말씀과 낮은 차원의 성령의 감동으로 가르치고 설교했음을 인정하지 않을 수 없다. 그러나 하나님께 굴복하고 불세례와 하나님의 영광을 체험한 이후부터는 하나님(주님, 성령)의 음성이 끊어진 적이 거의 없다.

하나님의 음성은 주님과의 교제 가운데 있는 성도들에게 들리는 음성, 성령의 내적 음성, 꿈과 환상, 천사의 방문, 성령의 감동과 직관, 지식의 말씀 등으로 다양하다. 하나님의 음성을 듣고 하나님이 주시는 신령한 꿈과 영적 환상을 보는 것은 신비한 체험이거나 신비주의자들만 경험하는 것이 아니다.

하나님, 예수님, 성령님의 음성을 듣는 것은 전적으로 주님과의 친밀한 관계 안에서 듣는 것을 전제한다. 자신의 생각을 주님의 음성이라고 잘못 들을 수 있다. 마귀가 주는 생각을 착각할 수도 있다. 그리고 음식물을 먹었을 때의 화학작용으로 오는 꿈도 있기 때문에 분명한 분별이 필요하다. 주님과의 친밀함과 신앙의 성숙이 병행되어야 하고, 분별은 물론 주님 음성의 패턴을 이해할 수 있고 해석의 은사도 있어야 좋은 열매를 맺을 수 있다.

예수 그리스도는 어제나 오늘이나 영원토록 동일하시니라(히 13:8).

하나님은 구약시대에도, 신약시대에도, 지금도 우리에게 말씀하신다. 주님이 직접 가르치시고 인도하시고 장래 일을 알게 하시는 음성을 듣는 것이 참된 신앙생활이며 주님과의 동행이다. 믿음은 들음에서 난다는 것은 기록된 성경 말씀만을 말하는 것이 아니라, 세미한 성령의 음성도 포함한다.

하나님은 누구에게 말씀하시는가

—

성령의 직관과 감동, 내적 음성, 꿈과 환상, 그리고 영적 발성(선포) 외에도, 천사의 음성과 들리는 하나님의 음성이 있다. 천사는 "여호와의 말씀을 행하며 그의 말씀의 소리를 듣는…그에게 수종들며 그의 뜻을 행하는"(시 103:20-21) 천상의 피조물로 하나님의 명령을 사람들에게 전달한다. 하나님의 직접적인 음성은 가장 확실한 음성이다. 구약시대에는 보편적이었지만 지금은 흔치 않다.

땅에 엎드러져 들으매 소리가 있어 이르시되 사울아 사울아 네가 어찌하여 나를 박해하느냐 하시거늘(행 9:4).

같이 가던 사람들은 소리만 듣고(행 9:7).

사무엘아 사무엘아 부르시는지라(삼상 3:10).

주님의 양과 귀 있는 자는 주님의 음성을 듣는다고 성경은 분명히 말한다. "귀 있는 자는 성령이 교회들에게 하시는 말씀을 들을지어다"(계 2:7).

우리는 하나님을 알 수 있고, 그분의 음성을 들을 수 있다. 또한 성경과 성령의 계시를 통해 그분을 알고, 기도로 주님과 대화함으로서 음성을 듣는다.

우리 주 예수 그리스도의 하나님, 영광의 아버지께서 지혜와 계시의
영을 너희에게 주사 하나님을 알게 하시고(엡 1:17).

여호와의 친밀하심이 그를 경외하는 자들에게 있음이여 그의 언약
을 그들에게 보이시리로다(시 25:14).

그러면 하나님은 누구에게 말씀하시는가?

첫째, 거듭난 그리스도인은 누구나 하나님의 음성을 들을 수 있
다. 하나님은 모든 그리스도인에게 말씀하기 원하신다. "문지기는
그를 위하여 문을 열고 양은 그의 음성을 듣나니 그가 자기 양의
이름을 각각 불러 인도하여 내느니라"(요 10:3).

둘째, 온유하고 겸손한 자에게 말씀하신다. "온유한 자에게 그
의 도를 가르치시리로다"(시 25:9). 하나님의 음성과 인도를 받기
위해서는 온유한 마음으로 겸손의 단계로 점점 더 깊이 들어가야
한다.

셋째, 정결한 마음을 가진 자에게 말씀하신다. "내가 나의 마음
에 죄악을 품었더라면 주께서 듣지 아니하시리라"(시 66:18). 고백
하지 않은 죄에 대해 민감하고 회개를 생활화해야 한다. "만일 우
리가 우리 죄를 자백하면 그는 미쁘시고 의로우사 우리 죄를 사하
시며 우리를 모든 불의에서 깨끗하게 하실 것이요"(요일 1:9).

넷째, 자아를 포기하는 자에게 말씀하신다. "누구든지 나를 따라오려거든 자기를 부인하고 자기 십자가를 지고 나를 따를 것이니라"(마 16:24). 자신의 뜻을 포기하고 하나님의 뜻을 따르려는 의지가 있어야 한다.

다섯째, 하나님의 뜻에 순종하고 행하는 자에게 말씀하신다. "말씀하옵소서 주의 종이 듣겠나이다"(삼상 3:10). 듣고도 순종하지 않는 자에게는 더 이상 말씀하지 않을 수 있지만, 듣고 순종하는 사람에게는 계속 말씀하실 것이다.

여섯째, 하나님을 기다리며 그분과 동행하는 자에게 말씀하신다. 하나님께서 말씀하실 수 있도록 충분한 시간을 드리고 신뢰함으로 기다려야 한다.

그러나 여호와께서 기다리시나니 이는 너희에게 은혜를 베풀려 하심이요 일어나시리니 이는 너희를 긍휼히 여기려 하심이라 대저 여호와는 정의의 하나님이심이라 그를 기다리는 자마다 복이 있도다 (사 30:18).

이르시기를 너희는 가만히 있어 내가 하나님 됨을 알지어다(시 46:10).

세미한 성령의 음성

—

주님과의 친밀함이 음성을 듣는 강도를 결정한다. 주님과의 관계가 멀어진 사람은 큰소리도 듣지 못하지만, 주님과 친밀하면 세미한 음성을 들을 수 있다. 이를 위해 주님은 우리를 광야와 골방으로 초청하신다. 하나님께서 에스겔 선지자에게 "일어나 들로 나아가라 내가 거기서 너와 말하리라"(겔 3:22)고 말씀하셨다.

광야는 외롭고 적막한 곳이다. 그러나 하나님 영광의 임재 앞에서 굴복하는 장소이고 세미한 주님의 음성을 들을 수 있는 훈련을 하는 곳이다. 때때로 주님은 세상과 사람들과의 관계가 단절되는 광야로 인도하신다. 그 후에는 우리를 일으켜 세우시고 집의 문을 닫고 주님의 음성을 들을 수 있게 하신다.

주의 영이 내게 임하사 나를 일으켜 내 발로 세우시고 내게 말씀하여 이르시되 너는 가서 네 집에 들어가 문을 닫으라(겔 3:24).

훈련받은 사람은 복잡하고 시끄러운 세상 속에서도 시대와 열방을 향한 세미한 성령의 음성을 들을 수 있다. 그들은 영의 일을 생각하고(롬 8:5) 성령의 인도를 받는다(롬 8:14).

거룩함을 사모하고 오직 생명의 성령의 법에 속한 사람은 어느

곳에서나 주님의 세미한 음성을 들을 수 있다. 주님과의 친밀함이
세미한 성령의 음성을 듣는 비결이다.

여호와의 친밀하심이 그를 경외하는 자들에게 있음이여 그의 언약
을 그들에게 보이시리로다(시 25:14).

하나님은 오늘도 혼돈과 공허한 소리가 난무한 세상 속에서 세
밀한 음성을 들을 사람들을 초청하신다. 하나님은 아무에게나 말
씀하지 않으신다. 정결함과 거룩함을 추구하고 들을 귀가 있는 사
람들에게 말씀하신다. 세미한 음성은 성령의 감동 그 이상이다. 영
으로 듣는 실제 음성이다. 이 음성을 듣는 사람이 마지막 때에 승
리할 것이다. 듣는 것과 승리는 항상 같이 간다.

귀 있는 자는 성령이 교회들에게 하시는 말씀을 들을지어다 이기는
그에게는 내가 하나님의 낙원에 있는 생명나무의 열매를 주어 먹게
하리라(계 2:7).

성령의 내적 음성(1) : 새 장소에서는 춤을 춘다

—

'새 장소에서는 춤을 춘다!' 이 음성은 새 장소로 옮겨오기 전, 주차할 수 있는 넓은 장소를 위해 몇 달 동안 기도하던 중, 수요일 저녁예배 때 들었다. 하나님의 뜻대로 구하는 기도는 때가 되면 응답된다. 한편 하나님의 음성은 그 기도가 응답되기도 전에 이미 그곳에서 해야 할 일들을 지시하신다. 응답이 이루어지면 우리가 해야 할일은 오직 순종뿐이다. 이스라엘 백성에게 가나안 땅이 약속되었을 때, 가나안 땅에 들어가서 하나님만을 섬기고 그분의 계명을 지키는 백성이 되어야만 했다.

기도 응답은 구하고 찾고 두드릴 때 오지만, 미래적이고 예언적인 하나님의 음성은 관계성에서 주어진다. 그리고 나의 비전이 아니라 하나님의 비전에 순종할 때 이루어진다. 주인이 종에게 일을맡길 때, 어떻게 하라고 지시하는 것은 주인의 일이기 때문이다. 순종은 말로 하는 것이 아니라 행동으로 하는 것이다. 맡은 자에게구할 것은 오직 순종과 충성이다.

그러므로 기도의 단계와 하나님의 음성을 듣고 행동하는 순종의단계를 병행해야 한다. 성령이 교회들에게 하시는 말씀을 듣는 단계는 마지막 때 하나님의 보좌에서 나오는 전략을 받는 하늘나라의 디렉터로서의 단계요, 개인과 가정과 지역 교회의 기도제목을 넘어 이 땅에 하나님 나라를 건설하는 추수자로서의 부르심이다.

기도 응답으로 넓은 주차 장소를 주셨으니 이제 남은 일은 춤을 추는 것이다. 노래는 슬플 때도 부를 수 있지만 춤은 기쁠 때 추는 것이다. '춤을 춘다'는 음성은 기쁜 일이 많이 있을 것이라는 예언적 말씀이다. 춤은 하나님을 기뻐해서 추는 것이다. 그리고 하나님을 기쁘시게 하는 일이다. 또한 나의 자존심을 벗겨내고 하나님을 향한 사랑과 은혜에 대한 최선의 감사와 기쁨의 표현이다.

주께서 나의 슬픔이 변하여 내게 춤이 되게 하시며 나의 베옷을 벗기고 기쁨으로 띠 띠우셨나이다(시 30:11).

소고 치며 춤 추어 찬양하며 현악과 통소로 찬양할지어다(시 150:4).

성령의 내적 음성(2) : 믿음 시험
—

2005년 6월 아침에 들은 내적 음성은 'Faith Test'다. 믿음을 시험하시겠다는 것이다. 오늘날 많은 사람이 다가오는 사도시대의 리더십을 위해 믿음 시험을 통과하고 있다. 비록 그 과정이 길고 힘들지만, 우리의 확신은 하나님께서 약속하시고 시작하신 일은 그분이 반드시 끝내신다는 것이다. 지금 우리에게 필요한 것은 믿음 시험을 잘 알고 견뎌내고 통과하는 것이다.

하나님의 원대한 약속은 반드시 믿음 시험을 통해 이루어진다. 아브라함은 열국의 아비가 되리라는 약속을 받았지만, 25년이나 기다려야 했고, 약속으로 받은 아들 이삭을 희생제물로 바치는 시험을 통과하였다. 이처럼 큰 약속은 큰 믿음 시험을 통과함으로 현실로 나타난다. 다가오는 거대한 추수 시대를 이끌어 가기 위한 책임에는 그만큼의 시련과 인내의 준비 기간이 요구된다. 진전 없을 것 같은 시련과 오랜 기다림 속에 다가올 시대를 위한 거대한 영향력이 준비되고 있음을 기억해야 한다. 장독의 장이 땅 속에서 숙성되기를 기다리듯, 포도주가 최고의 포도주로 빚어지기 위해 어둡고 서늘한 지하에서 기다리듯, 이 시간은 기다림과 인내다. 또한 '크로노스(인간의 시간)'가 '카이로스(하나님의 시간)'를 기다리는 믿음 시험의 과정이다.

다가오는 영적 시대의 리더십은 성령으로 가르침받고 인도받는 영에 속한 하나님의 아들들에 의해 주도될 것이다. "무릇 하나님의 영으로 인도함을 받는 사람은 곧 하나님의 아들이라"(롬 8:14). 이를 위해 거룩하신 하나님께서 택한 사람들을 거룩한 곳에 서게 하고 손과 마음을 깨끗하게 해서 하나님과의 친밀한 관계로 이끄신다. 이 과정에서 필요한 것은 정결함이다. 금이 뜨거운 용광로 속에서 정련되듯이, 하나님의 준비 과정을 통과해야만 하는 시련과 기다림은 우리의 부정한 것을 태우는 정화의 과정이다.

결론적으로 믿음 시험은 우리의 정결함을 위해서다. 이 과정을 견디고 이겨 나가는 무기는 하나님이 주신 약속에 대한 믿음이다. 지금 하나님께서는 우리를 위해 예비해 놓으신 다가오는 시대의 책임에 합당하게 준비되도록 우리의 믿음을 시험하고 계신다. 또한 믿음 시험의 과정을 통해 하나님만을 신뢰하고 모든 사람을 하나님의 마음으로 대할 수 있는 우리의 성품을 다듬고 계신다. 순종과 인내, 용서와 겸손, 그리고 온유와 사랑의 리더십을 준비시키시는 것이다. 부흥을 주도해 나가시는 분은 성령님이지만, 그 부흥의 매개체로 사용되는 사람은 오직 하나님의 감동과 아버지의 마음인 사랑으로 준비되어야 한다.

또한 믿음 시험의 과정 중에 우리의 모든 생각이 그리스도께 사로잡히도록 하신다. 이는 고립과 시련 중에 오직 주님만이 소망이 되신다는 고백을 하게 하시는 과정이다. 더욱이 주님에 대한 믿음, 소망, 사랑은 우리가 시련을 통과할 때 얻게 되는 가장 큰 보화다. 이제 곧 시험이 끝나고 통과한 사람들에게는 승진이 올 것이다. 이 소망으로 오늘도 나는 시련 중에도 주님을 높이고 경배한다.

아브라함은 시험을 받을 때에 믿음으로 이삭을 드렸으니 그는 약속들을 받은 자로되 그 외아들을 드렸느니라(히 11:17).

성령의 내적 음성(3) : 감사하라

—

'감사하라!' 2006년 5월 어느 날, 감사할 것이 하나도 없는 상황에서 들려온 성령의 내적 음성이다. '감사합니다, 감사합니다, 하나님!' 대략 천 번 정도 하루 종일 감사를 고백했다. 며칠 후에는 하나님의 명령에 순종을 넘어섰고, 석 달 후에는 매일의 습관이 되었고, 지금은 자연스러운 입술과 영의 고백이 되었다.

감사는 성소로 들어가는 고백이고 찬송의 기초다. 감사 없이 찬송이 있을 수 없고, 찬송은 극진한 찬송으로 인도하고, 극진한 찬송은 하나님의 영광을 선포하는 단계로 끌어올려진다. 또한 하나님을 향한 인생 최상의 고백인 '하나님을 사랑합니다'라고 말하게 된다. 영성의 최고봉인 하나님과의 연합에 이르는 사람의 고백이 '하나님을 사랑합니다'이다. 이 단계로 올라가는 최초의 고백이 '감사합니다'이다. 감사-찬송-극진한 찬송-하나님의 영광 선포-하나님 사랑의 단계다. 처음에는 입술의 고백이지만 실천으로 영의 고백이 될 때, 하나님의 계명을 지키고 하나님의 뜻을 행하는 단계에 이르게 된다.

그러므로 영으로 하나님과 하나 되는 것이 진실한 소원이라면, 먼저 감사를 고백해야 한다. 하나님을 진정 찬송하기 원한다면 감사해야 한다. 하나님의 영광을 맛보고 그 영광을 하늘과 땅 위에 선포하려면 감사해야 한다. 진정 하나님을 사랑하고 그분의 뜻을 행하려면 상황을 초월하여 범사에 감사해야 한다.

감사는 아직 광야에 있지만 약속의 땅을 바라보며 하는 믿음과 영의 감사다. 예배를 통해 고백되고, 영으로 기도하고, 영으로 노래하는 차원에서 이루어진다. 약속의 땅에 들어가 누리면서 하나님께 감사하고 하나님만이 경배의 대상이요, 삶의 소망과 목적이 되심을 고백하게 하는 풍족과 만족으로 이끈다. 이는 고난 중에서도 기뻐하게 하시고 결국에는 "내 잔이 넘치나이다"라는 간증에 이르게 하는 영의 감사다.

그동안 신앙생활을 하면서 가장 부담스럽고 순종하지 못했던 것이 감사였다. 특별히 "항상 기뻐하라 쉬지 말고 기도하라 범사에 감사하라 이것이 그리스도 예수 안에서 너희를 향하신 하나님의 뜻이니라"(살전 5:16-18)고 하신 말씀이 늘 마음에 걸렸던 것은 항상 기뻐하기도 어려웠지만, 채워지지 않는 소망과 응답되지 않는 기도에 대한 불만 때문에 범사에 감사하지 못했음을 스스로도 잘 알고 있었기 때문이다.

더구나 하나님께 순종하지 못할 때, 신앙의 딜레마에 빠질 수밖에 없었던 세월이 성령받고도 수십 년이다. 그런데 어느 날 갑자기 들려온 '감사하라'는 성령의 내적 음성은 수없이 감사를 고백하게 되는 계기가 되었다. 매일 수백 번을 고백하니 정말 모든 것이 감사했고 지금은 범사에 감사하는 삶을 살고 있다.

매일의 생활 속에서 감사를 고백하면서 진정으로 "우리가 알거니와 하나님을 사랑하는 자 곧 그의 뜻대로 부르심을 입은 자들에게는 모든 것이 합력하여 선을 이루느니라"(롬 8:28)는 말씀이 믿어졌다. 범사에 감사는 상황을 초월하여 하나님의 신실하심과 사랑을 믿고 매일 매 순간 입으로 고백할 때 가능하다는 것을 깨닫게 되었다. 이처럼 성령의 내적 음성은 성경을 읽고 듣고 암송하면서도 행하지 못했던 것을 가르쳐 행하게 하는 개인교수와도 같다.

'주님 감사합니다!'

여호와께 감사하라 그는 선하시며 그 인자하심이 영원함이로다(시 136:1).

성령의 내적 음성(4) : 감사에 기쁨을 더하라

—

하나님의 음성은 점진적으로 들려온다. 우리가 그 음성을 듣고 어린아이처럼 겸손히 순종하면, 다음 단계의 음성이 들려올 것이다. '감사하라'는 성령의 내적 음성을 들은 후, '감사합니다'를 매일 수백 번씩 소리 내어 고백한 지 두 달 반쯤 후에, 이번에는 '감사에 기쁨을 더하라'는 내적 음성을 들었다. 그래서 '감사합니다'와 '기쁩니다'를 매일 수백 번 고백했지만, '감사합니다'를 고백했을 때는 정말 모든 것이 감사했는데, '기쁩니다'를 수없이 고백해도 기쁘지 않았다.

일주일 후에 주님께서 '감사에 기쁨을 더하라'는 성령의 내적 음성이 무엇을 의미하는지 알려주셨다. 토요일 새벽에 찬송과 경배를 드리다가 날이 새면 30분 정도 산중턱까지 오르면서 찬양하고 내려오면서는 조용히 묵상하는 것이 일상이었다. 그런데 그날따라 안개가 낮게 깔려 밖이 우중충하고 몸도 찌뿌듯해 나가기가 싫었다. 나가지 않으면 찬양을 하지 못할 것 같아서 나갔더니 토요일이고 날씨 때문에 나온 사람들이 거의 없었다. 집 주위와 길에 안개가 자욱했고 산쪽을 바라보니 구름이 잔뜩 끼어 있었다. 잔뜩 찌푸린 날씨와 움츠려드는 마음을 떨치고 산을 오르면서 더 큰 소리로 찬양했다.

위대하고 강하신 주님 우리 주 하나님
위대하고 강하신 주님 우리 주 하나님

깃발을 높이 들고 흔들며 왕께 찬양해
위대하고 강하신 주님 우리 주 하나님.

주 하나님 지으신 모든 세계 내 마음 속에 그리어 볼 때
하늘에 별 울려 퍼지는 뇌성 주님의 권능 우주에 찼네
주님의 높고 위대하심을 내 영혼이 찬양하네
주님의 높고 위대하심을 내 영혼이 찬양하네.

위대하신 주 찬양해
위대하신 주 모두 알게 되리라
위대하신 주.

　　찬양하며 산을 오르다가 내려다보니 집을 나올 때는 나를 누르던 안개가 어느새 발 아래에 깔린 것을 보았다. 밝아진 마음에 조금 더 올라가면서 더욱 힘차게 찬송가를 불렀다.

　　해 뜨는 데부터 해지는 데까지 주 이름 찬양받으리
　　해 뜨는 데부터 해지는 데까지 주 이름 찬양받으리
　　라라라 할렐루야 여호와의 모든 종들아
　　주 이름 찬양해 이제부터 영원까지 주 이름 찬송할지어다.

그런데 갑자기 놀라운 일이 벌어졌다. 올라오다 보니 어느새 안개만이 아니라, 낮게 깔린 구름까지 뚫고 온 것이다. 오래전부터 즐겨 부르던 찬송가가 생각이 났다.

저 높은 곳을 향하여 날마다 나아갑니다
내 뜻과 정성 모아서 날마다 기도합니다
내 주여 내 맘 붙드사 그곳에 있게 하소서
그곳은 빛과 사랑이 언제나 넘치옵니다
의심의 안개 걷히고 근심의 구름 없는 곳
기쁘고 참된 평화가 거기만 있사옵니다.

말로 표현할 수 없는 평화와 기쁨으로 마음이 충만했다. 낮은 곳에 있을 때는 의심과 근심이 안개와 구름처럼 나를 눌렀지만 높은 곳으로 올라오니 어느새 의심과 근심이 사라지고 평화와 기쁨이 임한 것이다. 산모퉁이를 돌아 동네가 내려다보이는 중턱에 도달했을 때, 동쪽에서 떠오르는 태양이 반겨주었다. 그 아침에 표현할 수 없는 하늘의 기쁨과 하나님 영광의 아름다움을 체험했다.

그리고 일주일 동안 '기쁩니다, 기쁩니다!'를 수백 번 고백하면서도 깨닫지 못했던 '감사에 기쁨을 더하라'고 하신 의미가 '여호와를 찬양하라 그분을 기뻐하라'는 말씀인 것을 알게 되었다. 상황을 초월하여 하나님을 찬양하고 기뻐하면 하늘로부터 기쁨이 온다는 것이다. 그 이후로 곡조를 붙이던 붙이지 않던, 하루도 빠짐없이 찬양을 계속하고 있다. 감사와 찬양이다. 주님의 기쁨을 맛보려면 하나님을 기뻐하고 찬양해야 한다.

여호와를 기뻐하는 것이 너희의 힘이니라(느 8:10).

감사함으로 그의 문에 들어가며 찬송함으로 그의 궁정에 들어가서 그에게 감사하며 그의 이름을 송축할지어다(시 100:4).

내가 평생토록 여호와께 노래하며 내가 살아 있는 동안 내 하나님을 찬양하리로다 나의 기도를 기쁘게 여기시기를 바라나니 나는 여호와로 말미암아 즐거워하리로다(시 104:33-34).

주께서 내 마음에 두신 기쁨은 그들의 곡식과 새 포도주가 풍성할 때보다 더하니이다(시 4:7).

나는 여호와로 말미암아 즐거워하며 나의 구원의 하나님으로 말미암아 기뻐하리로다 주 여호와는 나의 힘이시라 나의 발을 사슴과 같게 하사 나를 나의 높은 곳으로 다니게 하시리로다 이 노래는 지휘하는 사람을 위하여 내 수금에 맞춘 것이니라(합 3:18-19).

성령의 내적 음성(5) : 가장 높은 찬송을 하나님께 드려라

—

하나님의 음성은 점진적이고 점층적이다. 음성을 듣고 순종하면 주
님 앞으로 더 나아가게 되고 믿음의 단계가 더 높아지도록 인도하
신다. '감사하라', '감사에 기쁨을 더하라'(하나님을 찬양하라)는 성령
의 내적 음성을 듣고 매일 하나님을 찬양했더니 이번에는 '가장 높
은 찬송을 하나님께 드려라'는 음성이 들려왔다. 시편에 있는 말씀
인 것 같아 찾아보니 두 곳에 "극진히 찬송하라"는 구절이 있었다.

여호와는 위대하시니 우리 하나님의 성, 거룩한 산에서 극진히 찬양
받으시리로다(시 48:1).

여호와는 위대하시니 지극히 찬양할 것이요(시 96:4).

'감사하라', '감사에 기쁨을 더하라'는 내적 음성에 순종했을 때,
그동안 알지 못했던, 맛보지 못했던 감사와 기쁨을 깨닫게 하셔서
어떻게 하는 것이 극진한 찬송인지를 생각하게 되었다. 극진은 '더

할 나위 없이, 가장 최상으로, 최고로 힘 있게, 온 마음과 힘을 다해, 목소리를 높여서, 정성을 다해 미친 듯이 열정적으로'라는 의미다. 왜 그런가? 우리가 찬송 드릴 여호와는 광대하시기 때문이요(시 48:1, 96:4), 대저 여호와는 크신 하나님이시요 모든 신 위에 크신 왕이기 때문이다(시 95:3). 가장 위대하시고 높으시고 존귀하신 여호와 하나님께 가장 높은 찬송을 드리는 것이다. 아마 사람들이 이런 나를 보았다면, 미쳤다고 생각할 정도로 그동안 하지 못한 극진한 찬송을 드렸다.

다윗이 법궤를 가지고 오면서 여호와 앞에서 힘을 다해 뛰놀며 춤추다가 너무 기뻐 옷이 내려가는 줄도 모르고 하나님을 찬양하다가 아내 미갈에게 비웃음을 당한 상황이 이해될 정도였다. 다윗이 법궤를 예비한 장막 안에 들이고 여호와께 제사를 드리며 밤낮 하나님을 찬양하는 장소로 삼은 것 같이 극진히 찬양하라는 음성의 의미는 하나님을 마음의 장막에 모시고 항상 예배하며 기뻐하라는 것이다. 하루 종일 경배의 삶을 살아가라는 것이다(삼하 6장).

그리고 극진한 찬양은 하나님 영광의 초자연적인 영역으로 들어가는 관문임을 알게 되었다. 로켓이 제트 비행기보다 더 큰 추진력으로 대기권을 뚫는 것처럼 자연적인 영역에서 초자연적인 영역으로 들어가기 위해서는 극진한 찬양이 요구된다.

성소 안에 있는 등대가 기도를, 떡상이 말씀을 상징한다면, 지성소로 들어가는 휘장 앞에 있는 향단은 찬양을 의미한다. 요한계시록 5장 8절에 어린 양 앞에 엎드린 네 생물과 이십사 장로들이 각각 거문고와 향이 가득한 대접을 가졌다. 향이 가득한 대접은 성도의 기도들이다. 거문고, 곧 수금은 노래하기 위한 악기다. 성도들의 기도와 함께 찬양이 하나님의 보좌 앞으로 올라가는 것을 보여 준다. 그래서 요한계시록 8장 4절에는 "향연이 성도의 기도와 함께 천사의 손으로부터 하나님 앞으로 올라가는지라"고 하였다. 이는 기도와 함께 극진한 찬양을 통해서 영광의 지성소로, 하나님의 보좌로 들어감을 보여 주는 것이다.

'극진히 하나님을 찬양하라!' 광대하신 하나님을 극진히 찬양하는 것은 하나님의 영광을 선포하는 단계로 올라가는 관문이요, 우리가 이 땅에서 하늘의 경배에 참여하는 비결이 된다. 자연적인 세계에서는 맛볼 수 없고 체험할 수 없으며 경험한 사람만이 알 수 있는 초자연적인 여호와의 영광 곧 우리 하나님의 아름다움을 보는 것이다(사 35:2).

내가 또 들으니 하늘 위에와 땅 위에와 땅 아래와 바다 위에와 또 그 가운데 모든 피조물이 이르되 보좌에 앉으신 이와 어린 양에게 찬송과 존귀와 영광과 권능을 세세토록 돌릴지어다 하니(계 5:13).

모든 천사가 보좌와 장로들과 네 생물의 주위에 서 있다가 보좌 앞에 엎드려 얼굴을 대고 하나님께 경배하여 이르되 아멘 찬송과 영광과 지혜와 감사와 존귀와 권능과 힘이 우리 하나님께 세세토록 있을지어다 아멘 하더라(계 7:11-12).

영적 발성(1) : 그분의 영광을 선포하라

—

하나님의 음성은 기록된 말씀인 로고스와 들리는 음성인 레마로 나타난다. 하나님의 음성을 듣는 것은 성경 외의 계시를 받는 것이 아니다. 하나님과의 친밀한 관계 속에서 교제의 방편으로 그분과 동행하는 사람들을 가르치시고, 교정하시고, 인도하시고, 장래 일을 알게 하시는 방법이다(요 14:26, 16:13).

'감사하라'로 시작된 성령의 내적 음성이 '감사에 기쁨을 더하라', '가장 높은 찬송을 하나님께 드려라'는 음성으로 단계를 거듭하면서 알게 된 하나님 음성의 패턴은 두 가지다. 첫째, 하나님의 음성을 듣고 순종할 때, 좀 더 높은 단계로 이끄신다. 둘째, 다음 단계로 나아가는 기간이 처음보다 점점 짧아진다.

하나님 음성을 듣는 단계는 사람마다 다르겠지만, 처음에는 가장 기초적인 성령의 직관과 감동으로 시작해서 가장 보편적인 꿈의 단계로, 좀 더 깊은 환상으로, 성령의 내적 음성으로, 자연적인 상황 속에서 사물을 통해, 영적 발성(선포)의 단계로 나아간다. 물론 예외는 있다. 때로는 천둥소리처럼 크게, 때로는 속삭이듯 세미하게 들리는 음성으로, 그리고 천사의 음성을 통해서도 하나님의 음성을 들을 수 있다.

성령의 내적 음성은 들려지는 것이다. 그리고 성령께서 가르치시고 지시하시고 명령하시는 형태다. 그러나 아주 드물게 경험하는 영적 발성의 단계는 하나님의 음성이 들리는 것이 아니라, 하나님의 뜻을 나의 영이 고백하거나 입을 열어 선포하는 것이다. 영적 발성을 하나님의 음성으로 여기는 것은 우리의 영이 하나님의 영으로 충만할 때, 우리 자의로 말하거나 소리치려는 생각을 전혀 하지 않은 상태에서 갑자기 입술이 열려 하나님의 뜻을 선포함으로 우리의 귀가 듣기 때문이다.

영적 발성은 주로 새벽에 일어날 때 많이 나타난다. 전날 저녁에 예배나 집회를 통해 찬양을 많이 하거나, 성령 충만함을 맛본 다음 날 새벽에 종종 영적 발성을 경험하게 된다. 어떤 때는 낮에 특정한 사물을 보면서 갑자기 영이 반응하여 선포하는 경우도 있다.

'감사하라-감사에 기쁨을 더하라(찬양하라)-가장 높은 찬송을 하나님께 드려라'는 단계까지는 성령의 내적 음성으로 들렸는데, 연결되는 다음 단계에서 대낮에 영적 발성을 경험했다.

책장의 많은 책들 중에서 갑자기 《Declare His Glory》라는 제목
이 눈앞으로 튀어나오는 것을 보는 순간 'Declare His Glory(그의
영광을 선포하라)'라고 소리치게 되었다. 그날 이후 매일 드리는 감
사와 찬양과 함께 하나님의 위대하심에 대한 선포가 내 삶의 일상
과 내 영의 고백이 되었다. 이 이야기를 하는 것은 비슷한 경험을
하면서도 확신이 없는 많은 그리스도인에게 하나님 음성의 패턴과
그 의미를 알게 해서 주님과의 친밀한 믿음의 여정에 도움이 되었
으면 하는 마음에서다.

하늘이 하나님의 영광을 선포하고 궁창이 그의 손으로 하신 일을 나
타내는도다(시 19:1).

하나님이여 주는 하늘 위에 높이 들리시며 주의 영광이 온 세계 위
에 높아지기를 원하나이다(시 57:11).

영적 발성(2) : 사랑합니다, 주님!
—

평지에서 시작하여(감사) 산을 타기 시작하다가(찬양) 산 중턱을 넘
어서고(극진한 찬양), 정상 가까이 보이는 80고지에 올라(그분의 영

광을 선포) 잠시 쉬었다가, 마지막 목적지인 정상에 오르게 되었을 때, 진정으로 '주님을 사랑합니다'를 고백하게 되었다. 대낮 차 안에서 처음에는 가슴에서 울려 나오는 것 같았는데, 입이 저절로 열리며 조용히 나지막하게 한 고백이다.

낮에 이루어진 영적 발성은 그 후에도 아주 드물게 계속되었다. '내 삶 전부를 주님께'와 '다 드림(All in)' 등이 있다. 이런 경험은 한 달에 한 번 정도로 새벽에 깨자마자 외쳐진 큰 영적 발성과는 구별되었다.

첫째, 입술이 조금 열리며 아주 조용하고 나지막하게 고백되었다. 둘째, 포기나 패배적 감정에서 나온 것이 아니라, 평안과 안식을 통해 나온 자발적인 굴복과 맡김의 고백이다. 셋째, 하나님의 모든 말씀에 순종하겠다는 믿음의 결단과 함께, 하나님의 부르심 앞에 나의 생명까지도 드리겠다는 고백으로 나타났다. 넷째, 그동안 산 아래나 산 중턱에서도 맛볼 수 없었던 말할 수 없는 희열과 따뜻한 평안과 만족감이었다. 그리고 "그 중의 제일은 사랑이라" (고전 13:13)고 하신 그 사랑으로 하나님 영광의 아름다움을 맛본 것 같다.

광야와 메마른 땅이 기뻐하며 사막이 백합화 같이 피어 즐거워하며
무성하게 피어 기쁜 노래로 즐거워하며 레바논의 영광과 갈멜과 사

론의 아름다움을 얻을 것이라 그것들이 여호와의 영광 곧 우리 하나님의 아름다움을 보리로다(사 35:1-2).

하나님의 음성에 순종하는 여정이 5년 정도 지났을 때, 마침내 '주님을 사랑합니다'라는 고백으로 터져 나왔다. 청년의 때 오직 주님만을 매 순간 생각하고 사랑하고 살 수 있으면 좋겠다고 생각했던, 그토록 오르고 싶었지만 오르지 못하고 바라보기만 했던 산 정상에 드디어 오른 것이다. 한 가지 분명한 것은 그 고백이 변하기 쉬운 나의 머리에서 나오거나, 오래가지 않을 내 마음의 결심이 아닌 영으로 인도받는 하나님 아들로서의 자발적인 영의 고백이었다는 사실이다.

무릇 하나님의 영으로 인도함을 받는 사람은 곧 하나님의 아들이라 (롬 8:14).

높은 산봉우리로 향하는 길도 평지에서 시작되어 연결된다. 초고층 건물도 계단으로 연결되듯이, 감사와 찬양과 극진한 찬양과 영광 선포와 주님 사랑은 연결되어 있다. 이것은 매일의 삶에서 지속되어야 한다. 하나님 음성의 인도로 '주님을 사랑합니다'를 고백하기 시작한 지도 벌써 5년이 지났지만, 하나님 음성의 가르침을 지금도 매일 실천하고 있다.

우리 주 예수 그리스도의 하나님, 영광의 아버지께서 지혜와 계시의 영을 너희에게 주사 하나님을 알게 하시고 너희 마음의 눈을 밝히사 그의 부르심의 소망이 무엇이며 성도 안에서 그 기업의 영광의 풍성함이 무엇이며 그의 힘의 위력으로 역사하심을 따라 믿는 우리에게 베푸신 능력의 지극히 크심이 어떠한 것을 너희로 알게 하시기를 구하노라(엡 1:17-19).

'주님을 사랑합니다'를 고백하면서 얻게 된 네 가지 유익은 첫째, 말이나 노래뿐 아니라 정말 주님을 이전보다 더욱 사랑하게 되었다. 둘째, 주님의 계명을 진실로 지키려고 노력한다. 셋째, 죄의 소욕이 현저히 줄었다. 넷째, 하나님의 사랑을 받고 주님의 나타내심(음성)을 항상 경험하게 되었다. 성경 말씀이 이를 뒷받침한다.

너희가 나를 사랑하면 나의 계명을 지키리라(요 14:15).

나의 계명을 가지고 지키는 자라야 나를 사랑하는 자니 나를 사랑하는 자는 내 아버지께 사랑을 받을 것이요 나도 그를 사랑하여 그에게 나를 나타내리라(요 14:21).

지식의 말씀(1) : 초자연적인 정보

은사는 사모하고 구하는 모든 사람에게 주시는 영적 선물이다. "온 갖 좋은 은사와 온전한 선물이 다 위로부터 빛들의 아버지께로부터 내려오나니"(약 1:17).

지식의 말씀(Word of Knowledge)은 자연적으로는 알 수 없는 사람이나 사건에 대하여 하나님으로부터 초자연적인 정보를 받는 것이다. 이 은사가 나타나면 하나님의 뜻과 계획을 초자연적으로 알 수 있다. 엘리사가 아람 왕의 전쟁 계획을 하나님으로부터 받아 이스라엘 왕에게 알려준 사건(왕하 6:1-12), 예수님께서 사마리아 여인의 과거를 드러내심(요 4:16-18), 주님이 예루살렘에 입성할 때 타고 가실 나귀가 어디에 있는지 어떤 나귀인지를 제자들에게 초자연적으로 말씀하심(마 21:1-9) 등이다.

한번은 집회 중 기도시간에 처음 참석한 어느 집사에게 "남편을 용서하세요"라고 말했다. 집회 마칠 즈음에 그 집사가 "제가 남편 미워하는 것을 어떻게 아셨어요?"라고 물었다. 성령에 의한 지식의 말씀이었다. 이는 예언 격려를 위한 지식의 말씀이고 치유를 위한 지식의 말씀이다.

3주 동안 캄보디아, 베트남, 한국 집회를 다녀왔는데, 캄보디아 둘째 날 아침 집회에 가기 전에 왼쪽 귀에 갑자기 무언가 쑥 들어오는 것을 느꼈다. 오늘 왼쪽 귀를 치료하라는 지식의 말씀이었다. 설교 후에 기도를 시작하면서 "왼쪽 귀에 문제가 있는 사람 있습니까? 하나님께서 치유하십니다"라고 했더니, 앞에 있던 현지 교회의 한 자매가 10년 넘게 왼쪽 귀에서 밤낮으로 소리가 들린다는 것이다. 치유기도를 하고 다음날 물으니 소리가 나지 않는다고 했다. 나중에 캄보디아 선교사에게 그 자매의 귀가 완전히 치유되었다는 소식을 들었다. 그 자매가 자신의 고통을 치유해 달라고 간절히 기도했고 하나님께서 사역자에게 지식의 말씀으로 알려주셔서 치유하신 것이다.

치유를 위한 지식의 말씀은 보통 사역자의 몸에 감각으로 알려지는 경우가 많다. 때로는 아픈 부분이 보이거나, 짧은 단어나 문장이 내적 음성으로 들리기도 한다. 공통적인 것은 아픈 사람을 치료하기 위한 하나님의 마음이 사역자에게 성령으로 알려진다는 것이다.

지식의 말씀(2) : 치유와 예언 격려
—

하나님 음성으로서의 지식의 말씀은 두 종류가 있다. 하나는 치유를 위한 지식의 말씀이고, 다른 하나는 예언 격려를 위한 지식의 말씀이다. 질병 치유는 주로 몸의 어느 부분에 상대방의 통증이 전달되어 치유사역을 하게 될 때가 많고, 심령의 고통을 당하는 사람에게는 내적 음성과 같은 지식의 말씀으로 그 사람의 고통을 주님이 아신다는 것을 알림으로 위로하는 경우도 있다.

예언 격려를 위한 지식의 말씀은 주로 내적 음성처럼 속에서 나오는데, 다른 점은 그 사람이 겪었던 어려움이나 현재 당하고 있는 고통을 위로하기 위한 경우가 많다. 그리고 모르는 사람과 믿지 않는 사람에 대해 지식의 말씀이 내적 음성으로 전달되는 경우는 믿음을 북돋우거나 복음 전도를 위한 경우가 대부분이다. 처음 보는 사람이 자신에 대해 이야기하고 자신의 고통을 알아주었을 때, 믿다가 낙심했거나 기도 응답을 기다리는 사람에게는 하나님께서 알고 계신다는 것은 큰 격려가 되며, 믿지 않는 사람들에게는 하나님께서 그를 알고 계시며 사랑하신다는 것을 깨닫게 함으로 복음을 듣게 하는 것이다.

한 번은 아내와 함께 옷 가게에 갔는데, 가게에서 나오기 전에 갑자기 '둘째 아들'이라는 지식의 말씀이 들렸다. 그래서 직원에게 물었다.

"혹시 둘째 아들 때문에 걱정하는 일이 있어요?"

"아니요."

당황하듯 대답하였다.

"그럼 둘째 아들이 있기는 하세요?"

"네, 있어요."

"교회는 잘 다니나요?"

"전에는 다녔는데 요즈음은 안 다닙니다."

"신앙생활을 잘해야 합니다."

대화 후에 아내는 계산하고 나는 먼저 나와 차에 시동을 걸었다. 아내가 차에 오르면서 그 직원의 둘째 아들이 중학교에 다니는데, 병명조차 모르는 질병으로 아파서 학교도 못 간다는 것이다. 나와 이야기할 때 아무 문제없다고 한 이유는 잘 모르는 사람이 갑자기 물어서 엉겁결에 대답했다고 한다. 그 직원이 이 문제를 위해 기도 해 달라고 했으면, 어려움을 통해 주님께서 가족을 교회로 부르셔서 믿음도 회복되고 아들도 치유받을 기회가 되었을 것이다. 그렇게 하지 못한 점이 못내 아쉬웠다. 하나님께서 지식의 말씀에 민감하고 순종하는 나의 모습을 보기 위해 하신 말씀으로 이해했다.

지식의 말씀을 사모하고 잘 사용하면, 엄청난 역사와 결과를 가져오는 하나님의 뜻을 이루게 되는 지름길이 된다. 왜냐하면 모든 하나님의 음성에는 그분의 마음과 뜻이 전달되기 때문이다.

어떤 사람에게는 성령으로 말미암아 지혜의 말씀을, 어떤 사람에게는 같은 성령을 따라 지식의 말씀을(고전 12:8).

예언적 음성(1) : 장래 일을 너희에게 알리시리라

—

현재는 나의 것이지만 미래는 나의 것이 아니다. 미래와 때와 기한은 하나님께 속하였다. 하나님께서 허락해야만 미래를 소유할 수 있다. 사도적이고 예언적인 교회의 특성은 미래에 대해 하나님의 음성을 듣는다는 것이다. 그 음성은 들리는 음성, 내적 음성, 꿈과 환상, 성령의 감동을 통해 주어진다. 진리의 성령이 오시면 장래 일을 너희에게 알리시리라고 하셨다(요 16:13).

"하나님이 너를 택하여 너로 하여금 자기 뜻을 알게 하시며 그 의인을 보게 하시고 그 입에서 나오는 음성을 듣게 하셨으니"(행 22:14). 이처럼 나에게 속하지 않은 미래에 대해 듣는다는 것은, 미래에 실현될 현실이 영원하신 하나님의 경륜 안에서 이미 내 것이라는 것이다. 그러므로 현재의 문제 해결을 위해 기도하는 차원을 넘어서, 하나님께서 나를 통해 장차 이루시기 원하시는 계획에 대해 듣는 것이 중요하다. 그것은 내 삶의 목적을 알게 되는 동시에, 미래에 대한 신뢰와 확신 속에 살아갈 수 있게 한다.

기록된 말씀과 함께 성령이 교회들에게 하시는 예언적 말씀과 활동이 주님의 교회 안에서 점점 더 그 중요성을 더하고 있다. 앞으로 우리가 해결할 수 없는 사태가 많이 있을 것이다. 이를 위해 하나님께 복종하고, 하나님 안에서 안식하면서 기다리는 법을 배우는 것이 무엇보다 중요하다. 자신을 굴복시키고 하나님을 신뢰하며 그분에게 맡기고, 연합 가운데 안식을 누리는 단계에 이른 사람만이 장래 일에 대한 하나님의 음성을 들을 수 있다. 그리고 하나님이 하시는 일들에 대한 결과를 열매로 얻을 것이다. 내가 가만히 있어 하나님의 음성을 들을 때, 하나님이 하나님 되심을 알게 되고 하나님께서 높임을 받으신다.

> 이르시기를 너희는 가만히 있어 내가 하나님 됨을 알지어다 내가 뭇나라 중에서 높임을 받으리라 내가 세계 중에서 높임을 받으리라 하시도다(시 46:10).

하나님의 음성을 듣고 순종하고 그 안에서 안식하는 것은 그분의 백성이 주인이신 하나님의 뜻을 이루는 지름길이다. 여기서 안식한다는 것은 하나님과의 친밀한 관계 속에서 지속적으로 하나님의 음성을 듣는 것이다. 이것은 하나님의 약속을 충만하게 받는 비결이고 영적으로 풍성한 열매와 수확을 얻게 되는 결과로 나타난다. 하나님의 장래 일에 대한 전략과 지침을 듣는 사람은 세상에 파견된 하나님 나라의 디렉터다.

그러나 진리의 성령이 오시면 그가 너희를 모든 진리 가운데로 인도하시리니 그가 스스로 말하지 않고 오직 들은 것을 말하며 장래 일을 너희에게 알리시리라(요 16:13).

그 후에 내가 내 영을 만민에게 부어 주리니 너희 자녀들이 장래 일을 말할 것이며 너희 늙은이는 꿈을 꾸며 너희 젊은이는 이상을 볼 것이며(욜 2:28).

예언적 음성(2) : 연결되라, 폭발이 있을 것이다

—

2011년 3월 첫 월요일 오후, 한 달에 한 번 있는 베이커스필드 컨밸리 지역 기도 모임을 위해 베이커스필드로 진입하기 전 산 언덕을 도는데, 갑자기 'Get Connected'와 조금 후에 'Explosion'이라는 음성이 들렸다. '연결되라, 폭발이 있을 것이다'라는 뜻이다. 올라간 기도회 장소에서 2011년 11월 11일 11만 명이 들어가는 로즈볼 축구 경기장 기도 집회를 준비하고 있던 데이비드 안드라데 박사를 처음 만난 당시에도 그 음성의 의미를 알지 못했다.

수년이 지난 지금 그때의 연결이 이곳에 있는 수십 민족 교회의 지도자들뿐만이 아니라 세계 여러 나라와의 연결, 그것도 경기장 단위의 기도 집회와 성령의 폭발을 기다리는 나라들과의 연합으로 확대되고 있음을 볼 때, 하나님의 시대에 대한 뜻이 있음을 알게 되었다. 한국 교회에 소개했더니 교회 지도자들 중심으로 4개월 만에 160여 교회와 12,000명 넘는 성도들이 다민족기도회에 참석했다. 한국 교회의 기도 능력을 미국 주류 교회와 여러 민족 교회에게 알리는 계기가 되었다.

기도하면 한국 교회를 빼놓을 수 없다. 이민 역사상 처음으로 일사불란하게 짧은 시간에 한 곳에 한국 사람이 가장 많이 모인 역사를 쓰게 되었고, 시대적 기도 폭발의 도화선을 한국 교회가 당기게 된 것이다. 이 일 후에 모일 때마다 기도 폭발과 성령 폭발의 역사가 캘리포니아뿐만 아니라 미국 전역에서 일어나고 있다.

첫 다민족기도회 이후, 2012년 3월 15일에는 7,000명이 들어가는 할리우드 깁슨 극장에서 영화 산업의 본거지인 할리우드의 회개와 부흥을 위한 Cry4Hollywood 기도회, 2012년 10월 27일 Faith Dome 다민족기도회, 2013년 1월 23일 워싱턴 D.C.에서의 낙태 반대를 위한 Cry4Life 기도회, 2014년 얼바인 버라이즌 야외 음악당 다민족기도회 등을 한국 교회가 앞장서서 이끌었다. 그리고 2015년 11월 29일에는 한국 교회가 주도하는 다민족기도회를 개최했는데, 미국에서 가장 큰 기도운동 지도자들도 참석했다. 그뿐 아니라 여러 나라와 연결되어 2014년 한국의 미스바 금식기도 성회, 2015년 3월 20일 이스라엘의 다민족기도회, 5월 7일 미국에서 가장 큰 기도단체인 '국가기도의 날(National Day of Prayer)' 국회 캐논 별관 기도회를 창립 63년 만에 한국 교회가 인도했다.

이제 나라와 민족과의 연합으로 곳곳에서 성령의 강림을 사모하며 모이면, 진실로 마지막 때 약속된 세계적 부흥이 일어날 것이다. '연결되라(Get Connected)'와 '폭발(Explosion)' 사이에 잠시 동안의 '…' 멈춤(Pause)이 있었던 것은 모든 민족이 연결되어 결집되고 하나가 되는 연합을 이루는 기간으로 그 후에 큰 폭발이 일어날 것이라는 의미다.

그리고 이제는 모여서 기도하는 목적이 단지 재앙을 물리쳐 주시고 회복하게 해달라는 기도를 넘어서서, '전 세계적 성령의 부으심'과 '타협 없는 주님과의 동행'을 구하는 기도로 하나가 되고 있다. 이처럼 하나님께서는 시대적 계획과 그 마음 안에 있는 뜻을 오늘도 주님의 은혜를 사모하는 사람들에게 장래 일을 알리는 예언적 음성으로 들려주신다. 그 음성에 순종할 때, 내 생각으로는 상상치도 못할 크고 광대한 폭발로 나타나는 것이다. 이제 한국 교회가 전 세계적 기도운동, 성령운동, 선교운동의 마지막 주자로서 사명을 감당하게 될 때, 여러 민족들이 주께 돌아오는 거대한 추수가 일어날 것이다.

빌기를 다하매 모인 곳이 진동하더니 무리가 다 성령이 충만하여 담대히 하나님의 말씀을 전하니라(행 4:31).

천사의 음성

—

하나님의 음성은 아주 드문 경험이지만 천사가 전달하는 메시지로 들리기도 한다. 천사의 음성이지만 천사의 뜻이 아니라 하나님의 뜻을 전하는 것이다. 천사는 하나님의 사자요, 메신저(전달자)로서 하나님 말씀을 듣고 전달하기 때문이다. 천사는 천상의 피조물로 하나님께서 다스리는 모든 곳, 곧 하늘과 땅에 있으면서 하나님을 송축하고 그분의 뜻을 행하는 존재다.

능력이 있어 여호와의 말씀을 행하며 그의 말씀의 소리를 듣는 여호와의 천사들이여 여호와를 송축하라 그에게 수종들며 그의 뜻을 행하는 모든 천군이여 여호와를 송축하라 여호와의 지으심을 받고 그가 다스리시는 모든 곳에 있는 너희여 여호와를 송축하라 내 영혼아 여호와를 송축하라(시 103:20-22).

성경에는 하나님께서 하나님의 사람들에게 천사를 파송하여 말씀을 전하는 경우가 수없이 많다. 아브라함이 하나님의 명령에 순종하여 이삭을 번제로 드리려고 칼을 들었을 때, 하나님의 사자, 곧 천사가 하늘로부터 아브라함을 부르고 "그 아이에게 손을 대지 말라" 하고, "이제야 네가 하나님을 경외하는 줄을 알았다"고 하였으며(창 22:11-12), 두 번째 아브라함을 불러 큰 복을 재확증해 주었다.

여호와의 사자가 하늘에서부터 두 번째 아브라함을 불러 이르시되 여호와께서 이르시기를 내가 나를 가리켜 맹세하노니 네가 이같이 행하여 네 아들 네 독자도 아끼지 아니하였은즉 내가 네게 큰 복을 주고 네 씨가 크게 번성하여 하늘의 별과 같고 바닷가의 모래와 같게 하리니 네 씨가 그 대적의 성문을 차지하리라 또 네 씨로 말미암아 천하 만민이 복을 받으리니 이는 네가 나의 말을 준행하였음이니라 하셨다 하니라(창 22:15-18).

삼촌 라반의 집에 머물던 야곱의 꿈에 하나님의 사자가 나타나 출생지로 돌아가라고 하나님의 명령을 전달하였다(창 31:11-13). 여호와의 사자가 기드온에게 나타나 미디안에게서 이스라엘을 구하라는 사명을 전달하였다(삿 6:11-12). 이사야에게 스랍 천사가 하나님의 보좌 앞의 단에서 숯불을 가져와 그의 입에 대며 "보라 이것이 네 입에 닿았으니 네 악이 제하여졌고 네 죄가 사하여졌느니라"

(사 6:7) 하였다. 다니엘이 자신의 죄와 이스라엘의 죄를 자복하고 여호와 앞에 간구할 때, 가브리엘 천사가 나타나 하나님의 명령을 전달하였다(단 9:20-27).

천사가 요셉과 마리아와 목자들에게 메시아 탄생을 예고하였다 (마 1:20-23, 눅 1:26-38, 2:8-14). 천사가 고넬료에게 베드로를 청하라 지시하였으며(행 10:3-6), 베드로가 감옥에 갇혔을 때, 천사가 "급히 일어나라 겉옷을 입고 따라 오라"고 구출해 주었다(행 12:6-10). 바울이 탄 배가 풍랑을 만났을 때, 하나님의 사자가 나타나 "바울아 두려워하지 말라 네가 가이사 앞에 서야 하겠고 또 하나님께서 너와 함께 행선하는 자를 다 네게 주셨다"(행 27:24)고 하나님의 명령을 전달하였다.

이처럼 천사의 음성은 하나님의 명령을 전달한다. 그리고 성경에는 대체적으로 하나님께서 어떤 사람들을 불러 일을 맡기실 때, 복음 전파를 위해 보내신 사람이 위급한 일을 당할 때, 기도에 응답하실 때, 그의 천사들을 보내셔서 그분의 음성을 전하게 하셨다.

지난 10년 동안 하나님의 음성을 듣는 친밀함의 여정 속에서 개인적인 경험이지만, 천사들의 병거 소리(Chariot of Angels)와 천사의 음성을 들은 적이 두 번 정도 있다. 깊은 성령의 임재를 경험할 때 환상 중에 너무나도 빠르게 내 눈 앞에 내려온 병거의 바람 가르는 소리와 아침에 야외에서 기도하던 중에 바람에 바퀴가 돌아가는 소리를 세 번 연거푸 들은 적이 있다. 처음에는 바람소리인가 해서 눈을 떴는데, 다시 들려온 소리는 분명히 초자연적인 소리였다.

새벽에 침대에 기대어 앉아 묵상하는데, 갑자기 오른편에 큰 천사가 내려와 앉았다. 너무 놀라 소리를 질렀더니, 천사가 손으로 무엇을 먹여주어 입을 벌렸는데 나지막이 '영적 음식(Spiritual Food)'이라고 했다. 그것을 받아먹은 이후부터 갖게 된 초자연적인 신비한 경험들은 지극히 개인적인 것이라서 말할 수 없다. 천사의 음성은 오늘날에도 여전히 들려지고 있다고 확신한다. 정신이 깨어 있을 때든지, 꿈이나 환상 중에서든지, 초자연적으로 하나님의 음성을 천사를 통해 들을 수 있다.

들리는 음성 : 하나님의 리콜 운동을 하라

—

하나님의 음성 듣기 중에 들리는 음성은 가장 확실하고 구약시대에는 보편적이었다. 하지만 오늘날에는 아주 드문 것이 귀에 들리는 음성(Audible Voice)이다. 하나님은 에덴동산에서 아담과 대화하듯이 들리는 음성으로 말씀하셨다.

그들이 그 날 바람이 불 때 동산에 거니시는 여호와 하나님의 소리를 듣고(창 3:8).

아담이 에덴동산에서 쫓겨난 이후에도 하나님은 노아와 아브라함과 이삭과 야곱에게, 그리고 모세와 사사들과 선지자들에게 들리는 음성으로 직접 말씀하셨다. 출애굽기에서는 모세뿐만 아니라, 이스라엘 백성들에게 들리는 음성으로 말씀하기도 하셨다.

여호와께서 모세에게 이르시되 내가 빽빽한 구름 가운데서 네게 임함은 내가 너와 말하는 것을 백성들이 듣게 하며 또한 너를 영영히 믿게 하려 함이니라(출 19:9).

그러나 하나님께서 천사들의 음성과 꿈과 환상을 통해 말씀하시면서 들리는 음성은 줄어들기 시작했는데 이는 점차 세상에 죄악이 만연하고 하나님과 교통하는 사람이 드물어지면서부터다. 그래서 특별한 경우 외에는 신약시대에 와서는 천사의 음성이나 꿈과 환상 중에 주님의 음성을 듣는 경우가 대부분이다.

그럼에도 불구하고 들리는 음성은 신약성경에도 그리고 오늘날도 존재하는데, 신구약을 통틀어 하나님께서 시대적으로 어떤 사람을 부르시고 사명을 주실 때 들리는 음성으로 하셨다. 세상에 죄악이 관영하여 물로 심판하고자 하셨을 때 하나님께서 노아를 불러 말씀하셨으며(창 6:13절 이하), 이스라엘의 조상 아브라함을 부르실 때(창 12:1-3)도 그렇게 하셨다. 또한 애굽에서 430년 간 노예생활을 하던 이스라엘 백성을 해방시키기 위해 "모세야 모세야" 이름을 불러 말씀하셨으며(출 3:4), 사무엘을 이스라엘의 선지자로 부르실 때도 "사무엘아 사무엘아" 이름을 불러 들리는 음성으로 말씀하셨다(삼상 3:10). "여호와의 말씀으로 사무엘에게 자기를 나타내시니라"(삼상 3:21).

예수 믿는 사람들을 박해하던 바울을 이방인의 사도로 세우실 때에도 그의 이름을 들리는 음성으로 부르셨다. "땅에 엎드러져 들으매 소리가 있어 이르시되 사울아 사울아 네가 어찌하여 나를 박해하느냐 하시거늘"(행 9:4).

이런 경우 거의 대부분 하나님께서 어떤 시대적인 목적을 위하여 사람을 불러 세우고 사명을 주시고 그 사람의 삶의 방향을 획기적으로 전환하기 원하실 때, 꿈이나 환상, 천사의 음성보다 더 확실한 계시의 방법으로 들리는 음성을 주신 것이다. 들리는 음성은 주로 밤에 오는 꿈이나 환상보다 대부분 정신이 온전한 대낮에 듣게 된다.

그리고 하나님께서 들리는 음성으로 말씀하시는 경우는 믿음과 순종과 인내의 오랜 연단을 통해 먼 장래에 성취되어야 할 하나님의 시대적 역사와 아주 어려운 일을 맡기기 위함이다. 꿈이나 환상, 성령의 감동이나 내적 음성, 그리고 다른 사람들을 통해 주어지는 예언적 음성을 듣고도 포기하고 싶은 어려운 순간이 있을 때, 들리는 음성은 너무도 분명해서 부인할 수 없기 때문에 끝까지 순종할 수 있다.

그리고 음성을 듣고 순종하면 사람이 이룰 수 있는 일이 아닌, 하나님께서 친히 이루시는 엄청난 결과로 나타난다. 하나님의 음성을 듣는 여정 가운데 초창기에 들리는 음성을 여러 번 경험했다. 그중 하나가 아침에 산에서 기도와 찬양을 하고 내려와 집 문을 열 때, 오른쪽 하늘 위에서 천둥소리처럼 들려온 '하나님의 리콜 운동을 하라!'는 명령형의 사명이다. 10년이 지난 지금도 이 궁극적 사명의 때를 기다리고 있다. 지금까지 그 어떤 어려움 속에서도 포기하거나 낙심하지 않았던 이유는 하나님의 음성을 귀에 들리는 생생한 음성으로 들었기 때문이다.

내가 또 주의 목소리를 들으니 주께서 이르시되 내가 누구를 보내며 누가 우리를 위하여 갈꼬 하시니 그 때에 내가 이르되 내가 여기 있나이다 나를 보내소서 하였더니(사 6:8).

기드온 식의 하나님 음성(1) : 즉각적 결정을 위한 기도

하나님은 오늘도 말씀하신다. 하나님은 오늘도 치유하신다. 이 두 진리는 오늘날 교회 회복의 가장 기본적인 명제다. 이 둘은 하나님의 속성에 관한 것이요. 하나님의 속성은 영원하시다. 믿음은 들음에서 난다. 들음은 하나님의 말씀과 성령의 음성을 통해서 온다. 기록된 말씀을 읽고 듣고 지키는 자가 복이 있다고 하였다(계 1:3). 동시에 귀 있는 자는 성령이 오늘날 교회들에게 하시는 말씀을 들어야만 한다(계 2:7). 오늘날도 하나님은 성령으로 그분의 백성들에게 말씀하신다. 하나님께서는 구약시대와 신약시대에 말씀하시던 방법을 결코 중단하신 적이 없다. 오늘날도 들리는 음성으로, 꿈과 환상으로, 천사의 음성으로, 내적 음성과 성령의 감동과 직관으로, 자연을 통해 말씀하신다. 그것을 얼마나 깊이, 얼마나 빈번하게 듣느냐 하는 것은 하나님과의 친밀한 관계성에서 비롯된다.

> 여호와의 친밀하심이 그를 경외하는 자들에게 있음이여 그의 언약을 그들에게 보이시리로다(시 25:14).

평생 몇 번 들을 수도, 항상 들을 수도 있다. 라디오의 주파수를 맞추면 전파를 타고 흐르는 신호를 음성으로 들을 수 있듯이, 우리의 영의 안테나를 하나님께로 향하고 주파수를 맞추면 하나님의 음성을 들을 수 있다.

하나님께서 말씀하시는 방법은 대체적으로 세 가지다. 첫 번째, 어떤 때는 일방적으로 말씀하신다. 두 번째, 물을 때 응답으로 말씀하신다. 주님의 음성을 항상 들으려면 주님께 물어야 한다. 선다 싱의 책 《주님 발 곁에서At the Feet of Jesus》에서 그가 평생에 주님께 물었던 모든 것에 주님께서 말씀하셨다고 하였다. 그러므로 우리는 항상 사무엘처럼 "여호와여 말씀하옵소서 주의 종이 듣겠나이다"(삼상 3:9)라는 자세를 가져야 한다. 때로는 물어도 말씀하지 않으실 때도 있다. 당장 결정을 내려야 하는 문제에 말씀하지 않으실 때 최후의 방법으로 쓸 수 있는 것이 세 번째인 기드온의 방법이다.

기드온의 소명에 대해 하나님께서 천사를 보내서 말씀하셨어도 확신을 갖지 못했을 때 최후의 방법이 양털 한 뭉치를 가지고 확증하는 것이었다. 첫 번째는 이슬이 양털에만 있고 사면 땅은 마르게 하고, 두 번째는 양털은 마르고 사면 땅에는 이슬이 있게 해달라고 한 것이다. 하나님께서 그대로 행하심으로 기드온은 사명에 대한 확신을 갖게 되었다. 이 방법은 주님과의 관계 속에 있는 사람들이 어떤 결정을 위해 취할 수 있는 가장 최종 방법이라고 할 수 있다.

기드온이 하나님께 여쭈되 주께서 이미 말씀하심 같이 내 손으로 이스라엘을 구원하시려거든 보소서 내가 양털 한 뭉치를 타작 마당에 두리니 만일 이슬이 양털에만 있고 주변 땅은 마르면 주께서 이미 말씀하심 같이 내 손으로 이스라엘을 구원하실 줄을 내가 알겠나이다 하였더니 그대로 된지라 이튿날 기드온이 일찍이 일어나서 양털을 가져다가 그 양털에서 이슬을 짜니 물이 그릇에 가득하더라(삿 6:36-38).

기드온 식의 하나님 음성(2) : 증거를 구하는 기도

—

메릴랜드와 워싱턴 D.C. 지역의 한국 교회들을 2013년 1월 25일 Cry4Life 낙태법 폐지를 위한 중보기도대회에 동원하고자 방문했던 둘째 날 저녁이었다. 아침 일찍 가졌던 메릴랜드교회협의회 임원들과의 설명회와 D.C. 지역 유일한 라디오 방송과의 인터뷰를 마친 오후에 백악관과 대법원, 스미소니언박물관 앞을 기도회 장소로 선정하는 일을 답사하고 1시간 거리에 있는 숙소에 도착한 시간이 저녁 8시경이었다.

아침 일찍 일어나 지리도 익숙하지 않은 곳을 하루 종일 운전하고 다녀서 오늘 저녁은 좀 일찍 쉬겠구나 생각하고 차를 주차하고 시동을 끄자마자 동행했던 Cry4Life 책임자 중 한 사람인 알란 파커 변호사가 다시 돌아가 대법원 앞에서 기도해야 한다는 성령의 감동을 받았다는 것이다.

문득 자기 생각이라는 부정적인 생각이 들었다. 오후 내내 그곳을 돌 때는 기도하지 않고 이 밤에 방금 다녀온 1시간 거리의 길을 다시 운전해서 가야 하는지 불평이 생겼다. 다민족연합기도회 대표 안드라데 목사님이 각자 기도하자고 해서 모두 눈을 감았다. 잠시 후 자신은 아무런 감동이 오지 않는다면서 내게 물었다. 그래서 나도 아무런 응답도 감동도 오지 않는다고 하자 다시 한 번 기도해 보자고 해서 다시 눈을 감았다.

그때 두 가지 생각이 들었다. 아직 예언적 인도하심의 경험이 없는 옆에 있는 한국 목사님에게 성령의 인도받는 것에 대한 교훈이 되지 않을까와 이제 예언적 사역에 들어와 어린아이와 같은 단계지만 성령의 인도와 감동에 민감하고자 하는 알란 변호사에게 좌절감을 주지 않아야겠다는 생각이었다. 그러면서도 너무나 몸이 피곤해 가지 않았으면 하는 생각이 가득해서 "주님, 가기를 원하신다면 두 가지 증거를 보여 주세요. 첫째는 눈을 떴을 때, 차의 시계가 8시 전이면 가라는 것으로 알겠습니다. 둘째는 하루 종일 전화가 오지 않았는데 전화벨을 울려 주세요" 하고 눈을 뜨니 7시 52분이었다. 정말 피곤해서 가기 싫었지만, 8시 전이면 가겠다고 기도

해서 가야하나 생각하던 중에 휴대전화가 울렸다. 평소에 무슨 일이 있기 전에는 전화를 하지 않는 아내에게서 온 전화였다. 두 가지 증거를 모두 주신 것이다.

내리지도 못하고 왔던 길을 다시 운전해 여러 장소를 돌며 기도하고 집에 돌아오니 11시가 가까웠고 몸은 파김치가 되었지만, 묻고 응답받았기 때문에 불평할 수도 없었고, 알란 변호사와 나눈 많은 대화는 좋은 교제가 되었다. 또 이 일을 계기로 하나님의 증거를 구하는 기도를 배울 수 있게 된 것은 큰 유익이 되었다.

> 기드온이 또 하나님께 여쭈되 주여 내게 노하지 마옵소서 내가 이번만 말하리이다 구하옵나니 내게 이번만 양털로 시험하게 하소서 원하건대 양털만 마르고 그 주변 땅에는 다 이슬이 있게 하옵소서 하였더니 그 밤에 하나님이 그대로 행하시니 곧 양털만 마르고 그 주변 땅에는 다 이슬이 있었더라(삿 6:39-40).

하나님께 묻고 듣기

—

하나님의 음성은 그분의 뜻을 그분의 백성에게 나타내시는 방법이다. 하나님은 오늘도 하나님과의 친교 안으로 들어온 사람들에게 말씀하시고 뜻을 계시하신다. 하나님과의 친밀함이 깊어질 때 음성은 대화로 발전된다. 대화의 채널이 열린 사람이 하나님께 물으면 응답하신다.

아브라함과 모세, 그리고 다윗은 하나님과 대화했고, 궁금한 일이나 하나님의 뜻을 알기 위해 물었을 때, 말씀하셨고 그분의 뜻을 알리셨다. 다윗이 이스라엘의 왕이 되었을 때 블레셋이 이스라엘을 치러 내려왔다. 다윗이 하나님께 "내가 블레셋 사람에게로 올라가리이까 여호와께서 그들을 내 손에 넘기시겠나이까" 물었을 때, "올라가라 내가 반드시 블레셋 사람을 네 손에 넘기리라"(삼하 5:19) 대답하셨고 다윗은 승리했다. 블레셋 사람이 다시 올라 왔을 때도, 다윗이 동일하게 하나님께 물었다. 이번에는 "올라가지 말고 그들 뒤로 돌아서 뽕나무 수풀 맞은편에서 그들을 기습하되 뽕나무 꼭대기에서 걸음 걷는 소리가 들리거든 곧 공격하라 그 때에 여호와가 너보다 앞서 나아가서 블레셋 군대를 치리라"(삼하 5:23-24)는 응답을 듣고 순종해서 승리하였다.

하나님은 "내가 하려는 것을 아브라함에게 숨기겠느냐"(창 18:17) 말씀하셨으며, 소돔과 고모라 멸망의 계획을 그에게 알리셨다. 그리고 아브라함의 요구에 응답하셨다. 다윗의 경험적인 고백에서 알 수 있듯이, 오늘날도 하나님은 그분과 친밀한 자에게, 그분을 경외하고 사랑하는 자에게 그 언약을 보이신다(시 25:14). 때로 하나님의 음성이 들리지 않고 어떻게 결정해야 할지 모를 때, 하나님께 물으면 응답하신다. 상황이 어떠하든지, 내 마음이 그것을 좋아하든지 싫어하든지에 관계없이 그분의 응답을 듣는다면 갈등은 사라진다. 왜냐하면 그분의 응답을 들었다면, 틀림없는 하나님의 뜻과 계획을 알게 되었기 때문이다. 그리고 하나님께서 물음에 응답하시는 것은 들은 사람이 순종하리라는 신뢰가 있기 때문이다.

몇 달 전부터 엔젤스 경기장 다민족기도회에 대한 한국 교회의 참여를 부탁받았지만, 하나님의 음성을 듣지 못했고, 마음에 감동이 없어서 참석하지 않을 생각이었다. 그런데 참여하고 싶다는 한국 교회의 연락을 받고 하나님께 물었을 때, "부흥은 계속되어야 한다!"는 음성과 함께, 하늘에 폭죽이 두 번 터지는 환상을 보여 주셨다. 모든 갈등은 순식간에 사라졌고 믿음으로 순종하는 일만 남았다. 하나님께 묻고 들은 것이다.

모세가 하나님께 아뢰되 내가 이스라엘 자손에게 가서 이르기를 너희의 조상의 하나님이 나를 너희에게 보내셨다 하면 그들이 내게 묻기를 그의 이름이 무엇이냐 하리니 내가 무엇이라고 그들에게 말하리이까 하나님이 모세에게 이르시되 나는 스스로 있는 자이니라 또 이르시되 너는 이스라엘 자손에게 이같이 이르기를 스스로 있는 자가 나를 너희에게 보내셨다 하라(출 3:13-14).

'바깥 장막'은 혼의 삶이다.

혼은 인간의 생각과 감정 부분이다.

믿음으로 구원받았으나 경험적으로는 모르며,

하나님이 멀리 계시는 것처럼 느껴진다.

'안 장막'은 지성소로 우리의 영이 하나님의 영과

연합되는 친밀함이다.

프랜시스 프랜지팬(Francis Frangipane)

Chapter

04

꿈과 환상으로
말씀하시는
하나님

꿈으로 말씀하시는 하나님(1) : 영의 언어

—

꿈은 지금도 하나님께서 친밀한 관계에 있는 그리스도인들에게 가
장 보편적으로 정기적으로 사용하시는 대화의 통로다. 성경에도
하나님께서 선지자들과 택하신 사람들에게 지시하시고, 인도하시
고, 교정하시고, 가르치시는 방법으로 꿈을 사용하셨다. 꿈은 하나
님의 언어이며 영의 언어다. 우리의 영에 하나님의 뜻을 심기 위해
밤중에 자지 않는 영에게 하나님께서 말씀하시는 것이다.

사람이 침상에서 졸며 깊이 잠들 때에나 꿈에나 밤에 환상을 볼 때
에 그가 사람의 귀를 여시고 경고로써 두렵게 하시니(욥 33:15-16).

영에 심어진 하나님의 꿈이 깨어나면서 의식(혼, 마음) 안으로 옮겨 오면, 우리가 마음으로 하나님의 뜻을 깨닫게 된다. 이것은 하나님과 항상 친밀한 관계에 있기 원하고, 하나님의 뜻에 순종하려는 믿음의 자세를 가진 사람에게는 지극히 자연스러운 것이다. 꿈은 하나님과의 대화의 통로로 수시로 아주 세밀한 것까지도 보여 주신다.

대부분의 경우 꿈꾸는 사람의 현재 영적 상태를 보여 주시는데, 퇴보 상태에 있으면 경고로, 답보 상태에 있으면 더욱 주님께 가까이 가도록 격려하신다. 한동안 새벽에 일어나 주님을 묵상하는 일을 게을리 했을 때, 도도하게 흐르던 강폭이 줄어든 것을 꿈으로 보여 주셨다. 이는 하나님 임재의 강물과 성령 충만의 감소를 뜻한다. 새벽기도회에서 자신과 교회를 위해 기도하는 것만으로는 하나님의 임재를 증가시키지 못한다는 것과, 물이 바다를 덮음같이 도시와 열방으로 흘러가는 거대한 강물이 되기 위해서는 반드시 하나님을 찬송하고 묵상하는 주님과의 친교를 게을리 하지 않아야 한다는 것을 보여 주신 것이다.

그리고 종종 주님의 얼굴과 영광을 추구하는 여정 가운데 닥쳐 올 어려움을 예언적으로 보여 주셔서 포기하지 않고 인내로 넘어가게 하신다. 무엇보다도 소망적인 것은 그 인도의 여정을 따라갈 때, 도달하게 될 사명의 목적지와 수확하게 될 추수의 기쁨을 꿈으로 보여 주신다는 것이다. 이는 요셉의 꿈이 이루어지는 것처럼 열방 구원을 위한 하나님의 계획을 성취하게 하시는 것이다.

그 후에 내가 내 영을 만민에게 부어 주리니 너희 자녀들이 장래 일을 말할 것이며 너희 늙은이는 꿈을 꾸며 너희 젊은이는 이상을 볼 것이며(욜 2:28).

꿈으로 말씀하시는 하나님(2) : 신뢰와 순종

—

주님께서는 그분의 나라를 위해 우리에게 꿈을 주시고 우리가 주님을 신뢰하며 추구하는지를 보기 위해 기다리신다. 오늘날 많은 사람이 하나님으로부터 온 꿈을 가지고 있으며, 그 꿈들이 실체로 나타나기를 기다리고 있다. 중요한 것은 꿈을 위해 첫걸음을 내딛는 것이다. 하나님께서는 꿈을 주신 후에 우리가 하나님을 신뢰하는지, 꿈을 추구하는지를 지켜보신다. 우리가 신뢰하고 추구하지 않으면 성취는 없다. 그러나 꿈을 주신 하나님을 신뢰하고 첫걸음을 내딛는다면 우리의 걸음을 신실하게 인도하실 것이다.

우리 중에 어떤 이는 하나님 은혜의 장소에 있으며, 언제 움직여야 하는지를 알 수 있는 상황에 있다. 우리가 하나님을 신뢰하면 그분의 은혜가 장소마다 임할 것이며, 움직여야 할 때를 성령 안에서 느낄 수 있다.

신실하신 하나님께서 꿈을 주시는 이유가 있다. 꿈의 증가를 기대하고 이전에 없던 성령을 물 붓듯이 하시는 때를 위해 침대 곁에 필기도구를 준비하면 좋겠다. 성경 전체는 꿈으로 가득 차 있다. 꿈에 대한 잘못된 선입견을 버려라. 꿈과 환상은 예언적이며 역사를 바꾸었다. 꿈에 대해 분별력을 달라고 주님께 구하라. 존경하고 영적으로 신뢰할 만한 사람에게 꿈의 해석을 부탁하는 것도 지혜로운 방법이다. 만약 당신의 꿈이 주님으로부터 왔다면 반드시 이루어질 것이다.

여호와께서 내게 대답하여 이르시되 너는 이 묵시를 기록하여 판에 명백히 새기되 달려가면서도 읽을 수 있게 하라 이 묵시는 정한 때가 있나니 그 종말이 속히 이르겠고 결코 거짓되지 아니하리라 비록 더딜지라도 기다리라 지체되지 않고 반드시 응하리라(합 2:2-3).

꿈과 환상의 차이

—

꿈과 환상은 지극히 자연적인 것으로 삶의 여정의 한 부분이요 작은 조각들이다. 성경은 선한 사람의 발걸음을 하나님께서 정하신 다고 했다.

여호와께서 사람의 걸음을 정하시고 그의 길을 기뻐하시나니(시 37:23).

궁극적으로 우리는 자신을 위해 하나님의 음성을 들어야 한다. 계시는 하나님과의 친밀함의 결과다. 시편 25편 14절은 "여호와의 친밀하심이 그를 경외하는 자들에게 있음이여 그의 언약을 그들에게 보이시리로다"라고 말한다.

하나님께서 우리에게 꿈을 주시는 목적은 하늘에서 행하시는 일에 대해 우리가 이 땅에서 적절하게 응답할 수 있도록 하는 데 있다. 꿈과 환상의 목적은 우리의 이성적 사고방식을 깨뜨려서 듣거나 믿어야 할 것들을 보여 주시기 위함이다. 꿈은 환상과 다르게 오직 잠들었을 때 받을 수 있다. 꿈은 사람의 영에 의해 받아들여지고 영과 영의 만남이다. 그리고 대부분 상징적이다. 그러나 환상은 계시의 시각적 인식이거나 우리의 영적 눈을 통한 초자연적인 사건이다.

환상은 통상적으로 상징적인 꿈보다 더 현실적이며 보다 사실적이어서 약간의 해석만을 요한다. 꿈은 대체적으로 육체적 반응을 동반하지 않지만, 환상은 몸의 체험처럼 신체적·자연적 영역의 여러 각도를 포함한다. 그래서 환상에는 때때로 신속하고 즉각적인 반응이 요구된다. 꿈은 하나님의 마음과 연결된 것이고, 환상은 그분의 성품을 드러내는 것이다. 다시 말해 참된 꿈은 하나님의 마음을 우리에게 계시하는 것이고, 환상은 하나님의 성품을 경험하게 하는 것이다.

우리 주 예수 그리스도의 하나님, 영광의 아버지께서 지혜와 계시의 영을 너희에게 주사 하나님을 알게 하시고(엡 1:17).

초자연적 능력의 교회(1) : 위의 것을 찾으라

—

항상 기도하고 주님과의 친밀한 교제 가운데 있을 때, 주님은 그분의 음성을 꿈과 환상으로 들려주신다. 수년 전 '위의 것을 찾으라 그리하면 모든 것이 초자연적인 것이다'라는 주님의 음성을 들었다. 일어나자마자 성경을 찾아보았다. '위의 것을 찾으라'는 말씀이 골로새서 3장 1절 말씀인 것을 알았다.

"그러므로 너희가 그리스도와 함께 다시 살리심을 받았으면 위의 것을 찾으라 거기는 그리스도께서 하나님 우편에 앉아 계시느니라."

그런데 '그리하면 모든 것이 초자연적인 것이다'는 레마의 음성이었다. 그리스도와 함께 살리심을 받은 우리가 위의 것을 찾으면, 초자연적인 역사가 사역과 삶속에서 나타날 것이라는 말씀이다. 이미 사역 가운데 소아마비, 뇌성마비, 뒤틀린 다리, 각종 관절염과 디스크, 간염, 신장염, 위암, 안암, 유방암, 임파선 암을 비롯한 많은 질병이 치유되는 것을 목도했지만, 이 말씀을 듣고 전보다 더욱 위의 것을 찾게 되었다.

그 결과 2014년 11월에는 오십 대 초반 자매의 오른쪽 목과 뺨까지 올라온 5센티미터 정도의 임파선 암을 주님이 보여 주신 대로 기도했을 때, 수술 없이 일주일 만에 사라지는 초자연적인 치유를 경험했다. '그리하면 모든 것이 초자연적인 것이다'라는 주님의 약속을 체험한 것이다. 그 이후부터 표현할 수 없는 초자연적인 역사들을 빈번하게 경험하고 있다. 기적을 구하는 것도, 초자연적인 것을 구하는 것도 아니다. 주님의 얼굴을 구하고 위의 것을 구할 때, 하나님의 능력이 말씀의 확증으로 나타나는 것이다. 예수님은 가시는 곳마다 초자연적인 능력으로 역사하셨다.

"이스라엘 사람들아 이 말을 들으라 너희도 아는 바에 하나님께서 나사렛 예수로 큰 권능과 기사와 표적을 너희 가운데서 베푸사 너희 앞에서 그를 증언하셨느니라"(행 2:22).

이와 같은 일을 하라고 교회를 부르셨다. 교회는 이 땅에 초자연적인 능력과 초자연적인 역사들을 가져와야 한다. 지금은 하나님의 나라가 전진해야 할 때다. 지금은 복음을 능력으로 확산해야 할 때다. 지금은 교회가 초자연적인 것 안에서 성장할 때다. 하나님 나라가 가까울수록 교회는 점점 더 많이 초자연적인 역사를 자연적인 것으로 경험하게 될 것이다. 학교와 병원과 회사와 정부 등 인간이 조직한 기구와 그 근원이 다른 것이 교회다. 교회는 하나님 나라의 모형이며, 하늘의 뜻을 이 땅에 이루기 위한 센터다. 오순절 초대교회는 하나님의 말씀이 점점 왕성하여 부흥하였다.

"하나님의 말씀이 점점 왕성하여 예루살렘에 있는 제자의 수가 더 심히 많아지고 허다한 제사장의 무리도 이 도에 복종하니라"(행 6:7). 또한 성령의 능력과 초자연적인 이적과 기사 안에서 복음은 급속하게 확산되었다.

스데반이 은혜와 권능이 충만하여 큰 기사와 표적을 민간에 행하니 (행 6:8).

사도행전에 나타난 복음 전도의 역사는 성령의 역사와 초자연적인 이사와 기적, 그리고 순종한 제자들의 말씀 전파를 통해서 이루어졌다. 그중에서도 오늘날의 교회가 회복해야 할 부분이 초자연적인 역사다. 어느 신학자들의 주장처럼 기적은 사도시대 이후로 중지되었다는 신학은 하나님 말씀에 대한 왜곡이고 오류다. 전도 현장에 가보지 못한 탁상공론에 불과하다. 하나님은 오늘도 동일하게 역사하시며 믿는 사람들과 특별히 복음을 전하는 사람들에게는 따르는 표적과 기사로 복음의 진리를 확증시키신다.

믿는 자들에게는 이런 표적이 따르리니 곧 그들이 내 이름으로 귀신을 쫓아내며 새 방언을 말하며(막 16:17).

초대교회의 사도들과 집사들은 초자연적인 역사를 경험하며 그 안에서 활동하였다. 사도들로 인해 기사와 표적이 많이 나타났다(행 2:43). 베드로와 요한이 앉은뱅이를 고쳤다(행 3:7, 8). 빌립은 말씀 전파와 함께 표적을 행하였고(행 8:5-7), 천사의 지시를 받았고(행 8:26), 성령의 음성으로 인도를 받았다(행 8:29). 베드로는 기도 중 환상으로 지시받아 이방인 고넬료의 가정에 복음을 전했으며(행 10:9), 천사의 도움으로 감옥에서 구출되었다(행 12장). 바울은 표적과 기사와 놀라운 능력으로(행 14:3, 19:11) 복음을 전했으며, 성령과 환상으로(행 16:6-10,18:9), 주님의 나타나심으로(행 23:11), 천사의(행 27:23-24) 인도를 받았다. 초자연적인 능력 안에서 역사하는 교회가 부상하고 있다. 바로 사도적이며 예언적인 교회다.

그 후에 내가 내 영을 만민에게 부어 주리니 너희 자녀들이 장래 일
을 말할 것이며 너희 늙은이는 꿈을 꾸며 너희 젊은이는 이상을 볼
것이며(욜 2:28).

이기는 자와 끝까지 내 일을 지키는 그에게 만국을 다스리는 권세를
주리니 그가 철장을 가지고 그들을 다스려 질그릇 깨뜨리는 것과 같
이 하리라 나도 내 아버지께 받은 것이 그러하니라(계 2:26-27).

초자연적 능력의 교회(2) : 복음과 하나님 나라의 능력

—

오늘날도 하나님께서는 성령으로 가르치시고 인도하시고 지시하시
는 방편으로 꿈과 환상을 사용하신다. 꿈은 밤중에 잘 때, 환상은
밤이든 낮이든 잠든 것과 깨어 있는 것 사이의 비몽사몽간에 온다.

이방인 고넬료가 기도하던 중 제구시에(오후 세 시) 환상 가운데
천사가 나타나 욥바에 사람을 보내서 베드로를 청하라고 지시하였
다(행 10:2-7). 베드로에게도 이방인 고넬료 집에 가서 복음을 전하
라는 지시가 그가 제육시(정오)에 기도할 때, 환상 중에 세 번 임했
다. 비몽사몽간에(행 10:10) 환상 중에(17, 19절)였다. 환상 중에 지
시가 없었다면, 베드로는 땅 끝까지 이르러 복음의 증인이 되라는

주님의 음성을 직접 듣고도 이방인에게 대한 선입견을 극복할 수가 없었을 것이다. 바울 사도도 마게도냐 사람들이 건너와서 도우라는 환상을 보고 서쪽 마게도냐 첫 성 빌립보에 가서 복음을 전했다(행 16:6-12).

성경은 진리로 가득 차 있다. 진리는 밭에 감춰진 보화와 같으며 찾고자 하는 자에게 발견된다. 하지만 소수의 사람들만이 하나님의 비밀을 알 수 있다. 그들은 하나님을 가까이하려는 사람들이고 여호와를 경외하는 사람들이다. 비밀은 아주 친한 친구들끼리 소유하는 것이다.

하나님을 가까이하라 그리하면 너희를 가까이하시리라 죄인들아 손을 깨끗이 하라 두 마음을 품은 자들아 마음을 성결하게 하라(약 4:8).

여호와의 친밀하심이 그를 경외하는 자들에게 있음이여 그의 언약을 그들에게 보이시리로다(시 25:14).

하나님께서 이 시대에 새로운 일을 행하시고, 천국의 비밀과 능력을 풀어놓을 교회와 친구들을 찾고 계시다.

"감추어진 일은 우리 하나님 여호와께 속하였거니와 나타난 일은 영원히 우리와 우리 자손에게 속하였나니 이는 우리에게 이 율법의 모든 말씀을 행하게 하심이니라"(신 29:29).

감추어진 일은 하나님께 속한 것이다. 하지만 하나님은 자녀들에게 많은 것을 드러내기 원하신다. 이것이 오늘날 전 세계적으로 엄청난 이적과 기사가 나타나는 것을 우리가 보고 듣고 경험하는 이유다. 이를 위해 교회는 성령이 교회들에게 하시는 말씀을 들을 수 있어야 한다.

"귀 있는 자는 성령이 교회들에게 하시는 말씀을 들을지어다"(계 2:7).

예수님께서는 아버지께서 하시는 일을 보지 않고는 아무것도 스스로 하지 않는다고 하셨다.

"그러므로 예수께서 그들에게 이르시되 내가 진실로 진실로 너희에게 이르노니 아들이 아버지께서 하시는 일을 보지 않고는 아무 것도 스스로 할 수 없나니 아버지께서 행하시는 그것을 아들도 그와 같이 행하느니라"(요 5:19).

하나님께서 시대적으로 행하시는 일에 동참하기 위해서는 마땅히 하나님을 만나고 음성을 들어야 한다. 이를 위해 하나님께서는 더 높은 영적 이해와 경험의 단계로 교회를 초청하고 계신다.

우리 주 예수 그리스도의 하나님 영광의 아버지께서 지혜와 계시의 정신을 너희에게 주사 하나님을 알게 하시고 너희 마음눈을 밝히사 그의 부르심의 소망이 무엇이며 성도 안에서 그 기업의 영광의 풍성이 무엇이며 그의 힘의 강력으로 역사하심을 따라 믿는 우리에게 베푸신 능력의 지극히 크심이 어떤 것을 너희로 알게 하시기를 구하노라(엡 1:17-19).

매 주일 오후 공원에서 능력전도를 하면서 하나님 나라의 능력의 지극히 크심을 깊이 체험한다. 생각했던 것보다 많은 사람이 복음과 하나님 나라의 능력에 대해 마음 문이 열려 있고, 믿고 순종하는 자에게 따르는 표적으로 하나님 나라의 복음을 확증시키시는 일들이 다방면으로 나타나고 있다. 그것은 기도받는 사람에게 나타나는 즉각적인 치유와 하나님 영광의 임재의 표현, 그리고 그들에 대해 성령께서 알려주시는 지식의 말씀 등을 통해서 능력의 실체가 나타나고 있는 것이다. 전 세계적인 부흥의 역사와 함께 초자연적인 능력의 교회가 부상하고 있다.

내 말과 내 전도함이 설득력 있는 지혜의 말로 하지 아니하고 다만 성령의 나타나심과 능력으로 하여 너희 믿음이 사람의 지혜에 있지 아니하고 다만 하나님의 능력에 있게 하려 하였노라(고전 2:4-5).

초자연적 능력의 교회(3) : 치유, 이사, 기적

초자연적인 역사로 교회가 부흥하는 것은 시대의 흐름이 아니라, 하나님이 과거 어느 시대보다도 새롭고 초자연적인 역사를 세계적으로 나타내고 계신다는 것으로 이해해야 한다. 하나님은 초자연적인 분이시며, 성경은 초자연적인 역사로 가득 차 있다. 오늘날에도 성령을 모든 육체에게 부어 주시고(욜 2:28), 주님의 재림을 앞두고 "믿는 자들에게는 이런 표적이 따르리니"(막 16:17)라는 말씀이 곳곳에서 실현되고 있다.

이제 더 많은 사람이 치유와 이사와 기적을 경험하고 자신들을 향한 하나님의 완전하고 충만한 계획 안으로 들어오기를 사모하게 될 것이다. 점점 더 하늘에서 풀려진 강력한 능력들이 교회를 통해 세상에 나타나고 있으며, 초자연적인 능력과 영광의 교회가 지금 일어나고 있다. 주님께서 가르쳐 주신 기도처럼 "뜻이 하늘에서 이루어진 것 같이 땅에서도 이루어지이다"의 실현이다.

이를 위해 하나님의 거룩한 임재와 영광으로 덮이기를 힘쓰고, 하나님의 움직임에 연합하여 움직일 영광의 교회를 주님께서 일으키신다. 초자연적인 능력 안에서 움직이는 교회에는 천사들의 방문이 빈번하고, 하나님의 사자인 그들의 사역에 대한 이해가 증가될 것이다. 그들은 "단단한 음식은 장성한 자의 것이니 그들은 지각을 사용함으로 연단을 받아 선악을 분별하는 자들"(히 5:14)이라고 한 영적으로 성숙한 자들이다. '연단을 받는다'의 뜻은 기술을 향상시키기 위해 연습한다는 의미다. 지금은 초자연적인 역사 안에서 훈련되고 성장해야 할 때다. 이러한 초자연적인 역사를 하늘에서 풀어놓을 때가 되었기 때문이다.

내가 진실로 진실로 너희에게 이르노니 나를 믿는 자는 내가 하는 일을 그도 할 것이요 또한 그보다 큰 일도 하리니 이는 내가 아버지께로 감이라(요 14:12).

조각 꿈들의 실현(1) : 한 목적을 위해 반복적으로 꾸는 꿈들

—

하나님은 꿈을 그분의 목적에 맞게 디자인하신다. 어느 때는 한 번에 그분의 뜻을 전하기도 하지만, 어느 때는 연속적으로 여러 번에 나누어서 반복적으로 꿈을 주기도 하신다. 그리고 지속적으로 꿈을 간직하고 꿈의 의미를 이해하는 사람에게는 어떤 큰 목적을 위해 퍼즐의 한 조각처럼 때로는 동시에, 때로는 몇 달, 몇 년의 간격을 두고 나누어 주기도 하신다.

대체적으로 조각 꿈들은 한 단어로 주어지기도 하고, 연결성 없는 한 장면으로 나타나기도 하지만, 하나님께서 정하신 때가 되고 본인이 계획하지 않은 어떤 일이 일어나면, 그것을 통해 각각 다른 때에 주어진 조각들이 일시에 맞춰지는 것을 발견하게 될 것이다. 그렇게 되면 그동안 어떤 의미인지 알지 못했던 조각들의 의미를 깨닫게 되고 꿈들이 맞춰지면서 하나님의 목적이 실현되는 것을 보게 된다.

수년 전에 'Air'라는 성령의 음성을 들었을 때, 단순히 '공기'를 뜻하는 것이 아닌 '전파'라는 뜻인 줄은 알았지만, 진정한 의미는 알 수 없었다. 그 후인지 그 전인지 확실하지는 않지만, 하나님 영광의 임재 안에 있을 때 갑자기 유창한 아라빅 방언이 튀어 나왔고, 아시아의 한 나라에 대해 예언하는 신령한 경험을 하게 되었다. 그 나라가 한국은 아니라는 것은 확실히 알았다. 중동 지역과 모슬렘 선교에 대한 비전이 없었을 때 한 그 경험이 'Air'라는 조각 음성과 연결되어 상상치도 못했던 중동권 위성 방송인 The Way TV와 협력하게 되었고, 한국어 프로그램 진행을 맡게 된 것은 전적인 하나님의 계획이 조각 꿈들 안에 있었음을 알게 되었다. 그리고 모슬렘 인구가 가장 많은 인도네시아에 위성을 통해 복음을 전하자는 설립자의 말을 들었을 때, 아시아의 한 나라에 대한 예언이 그 나라임을 알고 놀랐다. 하나님은 탁월하신 꿈 디자이너이시다.

요셉이 다시 꿈을 꾸고 그의 형들에게 말하여 이르되 내가 또 꿈을 꾼즉 해와 달과 열한 별이 내게 절하더이다 하니라(창 37:9).

조각 꿈들의 실현(2) : 하나님의 크신 계획에 대한 그림

—

우리가 하나님의 음성을 듣는 것에 대해 아무리 민감해도 지극히 작은 부분만을 알 뿐이다. 여러 조각 꿈이 하나씩 맞춰지는 것을 보면서 우리는 비로소 크신 하나님의 계획에 대한 확신을 갖게 된다. 전체 큰 그림을 보여 주셔도 그것이 어떻게 전개될지는 알 수 없다. 중간중간의 징검다리 꿈을 통해 전체적인 하나님의 목적으로 인도되기 때문에 그 꿈들이 조각 꿈의 역할을 한다. 마침내 모든 조각이 맞추어지면, 하나님께서 오랫동안 우리의 믿음과 성품을 준비시켜서 그분의 큰 목적을 이루게 하는 것을 보게 될 것이다. 조각 꿈들의 실현이 바로 이것이다.

요셉은 어릴 때 두 가지 꿈을 꾸었다. 비록 하나하나의 꿈이 완전한 이야기를 가졌다고 해도 둘을 하나로 묶어야 완전한 의미를 가질 수 있었다. 첫째 꿈은 형들의 볏단이 요셉의 볏단에 절하는 꿈이고(창 37:7), 둘째 꿈은 해와 달과 열한 별이 요셉에게 절하는 꿈이었다. 꿈의 성취를 위해 그는 애굽에 팔려가게 되었고, 왕의 죄수를 가두는 감옥에 들어갔다가 바로의 꿈을 해석해서 총리가 되었다. 흉년이 들어 요셉의 형들이 애굽에 곡식이 있다는 소식을 듣고 곡식을 구하러 왔을 때, 열 명의 형이 요셉에게 절을 했다.

때에 요셉이 나라의 총리로서 그 땅 모든 백성에게 곡식을 팔더니 요셉의 형들이 와서 그 앞에서 땅에 엎드려 절하매(창 42:6).

오래전에 하나님께서 주셨던 첫 꿈의 실현인 것을 요셉이 이제 알게 된 것이다. 그러나 열한 별이 자기에게 절하는 또 다른 한 꿈을 생각하여 요셉인 것을 알리지 않고 시므온을 볼모로 잡고 동생 베냐민을 데려오게 하였다. 동생이 온 후에 자신이 요셉인 것을 알리고 결국 부모를 모셔옴으로 두 번째 꿈인 열한 별과 아버지를 상징하는 해와 어머니를 상징하는 달이 그에게 절하는 꿈의 실현을 보게 된 것이다.

그러므로 조각 꿈들이 당장에는 의미가 없는 것 같아도 마음에 담아두고 기록해 놓을 때, 다른 조각 꿈들이 더해져서 완전한 하나님의 뜻이 드러나는 약속의 실현이 된다.

당신들은 나를 해하려 하였으나 하나님은 그것을 선으로 바꾸사 오늘과 같이 많은 백성의 생명을 구원하게 하시려 하셨나니(창 50:20).

'이것이 그것이다' 현상의 꿈

—

꿈과 환상의 해석 중에 '이것이 그것이다' 현상의 꿈이나 환상이 있다. 한 번도 온 적이 없는 곳인데 친근하게 느껴지는 장소가 있다면 꿈에 보았던 장소일 수 있다. 2012년 3월 15일 할리우드 통곡기도회를 준비하면서 함께하는 목회자들과 신문사 기자들을 위한 자리를 예약하기 위해 전자우편으로 명단을 두세 번 보냈고 그때마다 답장을 받았다. 그런데 집회를 이틀 앞두고 함께 참석하는 이의 전화를 받았는데 내 이름이 없다는 것이다. 할리우드 기도회 주관자를 한국 교회에 소개하고, 함께 신문과 방송 인터뷰까지 하고, 지도자들 초대하는 일까지 했는데 정작 내 이름은 빠졌다는 것이다.

조금은 섭섭했지만 행정 착오가 있겠지 생각하고 주최 측에 메일을 보냈다. "자원봉사자의 실수로 빠진 것 같다"는 답장과 함께 좌석을 지정해 주었는데, 도착해서 보니 다른 사람들은 모두 무대 중앙 앞좌석이고 그 옆에도 빈자리가 많이 있는데도, 내 좌석은 그 넓은 할리우드 깁슨 극장의 오른쪽 중앙이었다.

비어 있는 앞자리에 그냥 앉을까 생각하던 중에 갑자기 전율이 감돌면서 기억난 것이 있었다. 그 자리가 5년 전에 하나님께서 꿈으로 보여 주신 극장에 모인 많은 사람들 중에 내가 앉은 자리였던 것이다. 실수로 배정받은 자리가 꿈에 보여 준 자리라는 것을 알았을 때, 큰 영적 의미로 다가왔다. 하나님께서 꿈이 현실로 나타나는 때가 되었음을 알게 하신 것이다. 꿈에서 사람들이 웅성웅성하며 무대 위에 올라올 사람을 기다리고 있는 것을 보았다. 앞에 있는 수십 년 전에 능력받은 사람과 뒤에 앉은 정장 입은 나이든 목사님에게 단 위에 올라가라고 하자, 이구동성으로 자기들은 못한다고 하였다. 마음속으로 누가 소개시켜 주어야 내가 올라가지 생각하면서 깨었다. 오래전 꿈에 앉았던 그 자리에 실제로 앉았을 뿐 아니라 무대에 올라가서 기도 인도까지 했다. 꿈에서 경험한 일을 현실에서 체험한 것이다.

때에 요셉이 나라의 총리로서 그 땅 모든 백성에게 곡식을 팔더니 요셉의 형들이 와서 그 앞에서 땅에 엎드려 절하매 요셉이 보고 형들인 줄을 아나 모르는 체하고 엄한 소리로 그들에게 말하여 이르되 너희가 어디서 왔느냐 그들이 이르되 곡물을 사려고 가나안에서 왔나이다(창 42:6-7).

내가 인센티브를 주었다

—

하나님께서는 사명의 길, 우리 삶의 목적지를 향해 가는 여정마다 방향을 알리는 표지판을 세워 놓으셨다. 다시 말해 목표(Destiny) 비전을 주실 뿐만 아니라, 방향(Direction) 비전을 보여 주신다. 하나님으로부터 받은 비전이 클수록 약속과 성취 사이의 간격은 멀기 마련이며, 약속과 성취 사이의 현실은 때때로 안개가 끼어 표지판을 잘 인식하기 힘든 것도 사실이다. 앞이 보이지 않고 길을 물어볼 사람도 없을 때, 들려오는 하나님 음성은 안개 속의 포성처럼 보이지는 않지만 그 소리는 매우 커서 어디서 들려오는지를 알 수 있다.

수년 전 꿈속에서 여러 꾸러미의 보따리를 들고 있는데 '내가 인센티브(Incentive)를 주었다'는 주님의 음성을 들었다. 사전에서 인센티브를 찾아보았더니 형용사로는 '자극적인, 고무하는, 격려하는, 보상적인'이라는 뜻과 명사로는 '자극, 격려금, 보상금'이라는 의미가 있었다. 너무도 생생해서 머릿속에서 맴돌았지만 현실은 아직도 돌파를 기다리는 중이며, 손에 쥐어진 것은 없기 때문에 이를 확신하며 글로 옮길 엄두를 내지 못했다.

한 주간을 보내면서 지난날에 받은 주님의 음성들과 성경에서 개인적으로 주어졌지만 그것이 이루어졌을 때는 많은 사람과 민족들에게 성취된 약속을 묵상했다. 아브라함에게 75세 때, 이제는 자

198

식을 생산할 생물학적 기능을 상실한 99세 때 주어진 하나님의 약속은 열국의 아비가 되리라는 것과 그의 자손이 하늘의 별과 같이, 바다의 모래와 같이 될 것이라는 엄청난 인센티브의 약속이었다. 비록 아들 이삭을 100세에 약속으로 받았지만, 그로 인하여 아브라함을 믿음의 조상이라는 이스라엘 민족과 그의 후손을 통해 나타나신 예수 그리스도로 인하여 세상 만민 중에 무수한 그리스도인들이 탄생했다. 하나님의 인센티브 약속이 이루어진 것이다.

요셉은 어릴 때, 볏단들과 별들과 해와 달이 그에게 절하는 하나님의 약속을 받았다. 그 꿈대로 형들이 요셉에게 절하는 위치에 올라간 것이 하나님의 약속을 받은 것이라면, 그 위치에서 수많은 나라의 백성을 굶주림에서 구한 것은 하나님의 인센티브를 받은 것이다. 솔로몬은 일천번제를 드린 후, 하나님으로부터 "내가 네게 무엇을 줄꼬?"라는 음성을 듣고 오직 백성을 다스릴 지혜를 구했을 때 구하지 않은 부와 명예도 주셨다. 성경학자들에 의하면 솔로몬이 지혜로 상담해 주고 받은 보화를 오늘날로 환산하면 한 해에 8억 불이 넘었다고 한다.

이처럼 하나님의 인센티브는 끝까지 약속을 신뢰하는 사람에게 약속의 수천, 수만, 수백만 배로 증가한다. 아직도 약속이 현실이 되기를 기도 중에 있는 상황에서 이 글을 쓰는 것은 하나님의 인센티브는 우리의 생각을 초월하는 엄청난 보상으로 나타날 것을 선포하기 위함이다. 그 약속이 이루어질 때를 위해 미리 기록으로 남겨 놓고 싶기 때문이기도 하다. '600,000,000!' 숫자로 들은 하나님의 인센티브 음성이다.

내가 내 언약을 나와 너 및 네 대대 후손 사이에 세워서 영원한 언약을 삼고 너와 네 후손의 하나님이 되리라(창 17:7).

너희 조상의 하나님 여호와께서 너희를 현재보다 천 배나 많게 하시며 너희에게 허락하신 것과 같이 너희에게 복 주시기를 원하노라(신 1:11).

주님의 얼굴을 뵙는 꿈

—

2005년 12월 크리스마스를 20여 일 남겨놓은 때였다. "이번 크리스마스에 무슨 선물을 받고 싶어요?" 하고 파사데나 기도의 집 리더 셰릴 자매가 팀원들에게 한 사람씩 돌아가며 묻고 있었다. "나는 이번 크리스마스에 이런 선물을 받고 싶어요" 하는 대답들이 아스라이 들려오는 가운데 성령의 새 술에 취해 비스듬히 소파에 기댄 내 차례가 되었다. 3시간 가까이 찬양과 기도로 몸을 가누기 힘들 정도로 하나님의 임재에 빠진 나는 기다렸다는 듯이 "나는 주님의 얼굴을 보기 원해요"라고 말했다.

내가 진정으로 원한 것은 주님의 자비로운 얼굴을 보는 것이다. 정말 "나와 세상은 간 곳 없고 구속한 주만 보이도다"라는 찬송이 내 간절한 소원이었다.

그때 내 나이 51세였다. 44세에 유학을 와서 박사 학위를 마치고 신학교 교수 초빙이 있었지만, 하나님께서 2년 동안 가지 못하게 막으셔서 너무 막막하던 차에 새벽에 들려온 하나님의 음성을 붙잡고 45일 동안 그야말로 처절하게 모든 것을 전폐하고 밤낮으로 기도할 때 하나님의 불세례가 임하였다. 4개월째 하나님의 뜨거운 불이 모든 피부와 근육을 태우며 핏줄에까지 들어가 따가워서 잠을 자지 못하던 중에 드디어 하나님의 영광이 나흘 동안 구름이 감싸듯 임해 낮에 길을 걸을 때도 몸이 붕붕 떠 천국에 있는지, 땅에 있는지 모를 정도로 하나님의 아름다움을 맛보고 있을 때였다.

매일 밤 주님의 얼굴 보기를 간절히 기대했다. 크리스마스 전날인 24일 밤에 간절히 기도하고 잤다. 주님의 얼굴을 선물로 받기 원했던 25일 마지막 날 새벽이 되었지만 아무 일도 없었다. 하지만 실망도 섭섭한 마음도 없었다. 오히려 '내년 크리스마스까지 주님의 얼굴 보기를 소원합니다'라는 고백을 했다. 내년 크리스마스까지 일 년 동안 매일 주님의 자비하고 인자하신 얼굴을 보기 위해 사모해야겠다고 생각했다.

크리스마스가 지났다. 전혀 기대하지 못한 26일 새벽의 꿈이다. 맑은 하늘에 갑자기 너무나도 하얀 구름이 양쪽에서 한 가닥씩 날아오는 것이 보였다. 그러면서 그림을 그리기 시작했다. 길게 내려가는 양 갈래 머릿결과 양 눈썹이 그려졌다. 눈과 코가 수놓듯 그려지자 온몸에 소름이 돋았다. '주님이시다!' 온몸이 불타오르며 속으로 소리치는 순간, 입술이 그려지고 멈추지 않고 입술 꼬리 한쪽이 실로 잡아 올려지듯 공중으로 올라가는 것이다. 주님께서 나를 향해 너무나도 아름답게 웃는 모습이었다. 인자하신 주님의 얼굴을 보기 원했는데, 나를 향해 웃는 주님을 선물로 받은 것이다.

우리 집 벽에는 몇 년 전부터 활짝 웃고 있는 주님 얼굴이 걸려 있다. 친구가 화가인 어느 장로님에게 받은 그림인데 자기한테는 안 맞는다고 선물로 준 것이다.

이 경험을 통해 자기가 원하는 시간에 응답이 오지 않아도 실망하지 않고 낙심하지 않고 오히려 더 간절한 소망으로 바꾸는 것이, 내가 원하는 수준보다 하나님 수준의 선물을 받는 비결이라는 것을 알게 되었다. 또한 간절히 원하는 것을 받는다는 것은 땅의 것뿐만 아니라 위의 것까지 포함한다는 사실이다. 그리고 이것은 정말 귀하다. 평생 간직할 수 있을 테니 말이다.

온갖 좋은 은사와 온전한 선물이 다 위로부터 빛들의 아버지께로부터 내려오나니 그는 변함도 없으시고 회전하는 그림자도 없으시니라(약 1:17).

그러므로 너희가 그리스도와 함께 다시 살리심을 받았으면 위의 것을 찾으라 거기는 그리스도께서 하나님 우편에 앉아 계시느니라(골 3:1).

우리가 지금은 거울로 보는 것 같이 희미하나 그 때에는 얼굴과 얼굴을 대하여 볼 것이요 지금은 내가 부분적으로 아나 그 때에는 주께서 나를 아신 것 같이 내가 온전히 알리라(고전 13:12).

주님 방문의 꿈
—

야곱이 브엘세바를 떠나 하란으로 가던 중 꿈속에 여호와께서 나타나셔서 그가 어디로 가든지 그를 지키며 허락한 것을 다 이루기까지 떠나지 않겠다고 약속하셨다.

네 자손이 땅의 티끌 같이 되어 네가 서쪽과 동쪽과 북쪽과 남쪽으로 퍼져나갈지며 땅의 모든 족속이 너와 네 자손으로 말미암아 복을 받으리라(창 28:14).

솔로몬의 꿈에 나타나신 하나님은 "내가 네게 무엇을 줄꼬 너는 구하라"고 말씀하셨다(왕상 3:5). 베드로는 기도할 때 환상 중에 주님의 음성을 들었다(행 10:13). 밤에 바울에게 나타나신 주님은 "담대하라 네가 예루살렘에서 나의 일을 증언한 것 같이 로마에서도 증언하여야 하리라 하시니라"(행 23:11)고 말씀하셨다.

오늘날도 수많은 사람이 꿈속에서 주님의 방문을 받는다. 주님을 얼굴과 얼굴로 보는 경우도 있지만, 대부분은 음성만 듣는다.

성령세례를 받은 지 33년 만에 다시 한 번 하나님의 임재 앞에 무너짐을 경험한 후 임한 불세례로 피부와 근육과 핏줄에까지 불이 들어오고 하나님 영광의 아름다움을 경험하면서 꿈과 환상이 4년 반 동안 매일 세 번씩, 어떤 때는 여섯 번씩 내려오는 정말 요엘의 예언이 성취되는 경험을 했다. 그 후 지금까지 10여 년간 오천 번도 넘는 주님이 주신 꿈과 환상 가운데서 수없이 주님의 음성을 듣고 있다. 대부분은 장면으로 보고 음성으로 듣지만, 뚜렷하게 기억하는 주님의 방문도 여러 번 경험하였다.

첫 번째는 꿈속에서 길을 가고 있는데 옆에 있는 사람이 높은 빌딩을 가리키며 "가장 높은 곳에 나를 위해 방을 얻으라"고 하였다.

그곳을 올려보며 "가장 높은 층의 펜트하우스 스위트룸을 얻으려면 돈이 많이 드는데요"라고 했더니 내 손에 액체가 고체로 변하는 금덩이를 주는 것이다. 엠마오로 내려가던 두 제자에게 행인의 모습으로 찾아오셔서 대화하신 것처럼 주님이 직접 오셔서 내 마음 가장 높은 곳에 그분을 모시라는 음성을 들려주신 것이다. 이 경우는 친구처럼 자연스럽게 방문하신 것이다.

두 번째는 주로 아버지나 아는 목사님의 모습으로 나타나셨다. 하지만 실제로는 주님이 방문하신 것이다. 이미 작고한 사람일지라도 그들의 영을 만나는 것이 아니라, 주님께서 하실 말씀이 있으셔서 친밀한 모습으로 나타나신 것이다. 어느 날 꿈속에서 아버지가 정장을 입고 오셔서 어떻게 하라고 지시하셨다. 정장을 한 것은 어떤 큰일을 위해 공식적으로 지시하기 위해서다.

세 번째는 주님이 직접 방문하셔서 내 양손에 안수하시며 왼쪽 귀에 속삭이듯이 "한꺼번에 부흥이 올 것이다. 은사는 더할 것이다. 모든 것을 사랑으로 하라"고 말씀해 주셨을 때는 온몸에 전기가 흐르고 주님의 능력이 임하는 것을 경험했다.

오늘날 많은 성도들이 주님께서 능력으로 움직이시는 것을 보고자 갈망한다. 놀라운 주님의 방문을 위해 준비해야 한다. 우리가 지속적으로 주님의 방문을 부르짖을 때, 우리는 하나님의 개입을 맛보게 될 것이다. 주님의 얼굴 보기를 기대하고 주님의 방문을 구하자. 이사야 64장 1-4절에 이에 대한 강력한 말씀이 있다.

원하건대 주는 하늘을 가르고 강림하시고 주 앞에서 산들이 진동하기를 불이 섶을 사르며 불이 물을 끓임 같게 하사 주의 원수들이 주의 이름을 알게 하시며 이방 나라들로 주 앞에서 떨게 하옵소서 주께서 강림하사 우리가 생각하지 못한 두려운 일을 행하시던 그 때에 산들이 주 앞에서 진동하였사오니 주 외에는 자기를 앙망하는 자를 위하여 이런 일을 행한 신을 옛부터 들은 자도 없고 귀로 깨달은 자도 없고 눈으로 본 자도 없었나이다.

마음이 청결한 자는 복이 있나니 그들이 하나님을 볼 것임이요(마 5:8).

우리가 지금은 거울로 보는 것 같이 희미하나 그 때에는 얼굴과 얼굴을 대하여 볼 것이요 지금은 내가 부분적으로 아나 그 때에는 주께서 나를 아신 것 같이 내가 온전히 알리라(고전 13:12).

꿈의 성취를 위한 시험 통과

—

하나님께서 주신 꿈은 의미가 있고 반드시 이루어진다. 그러나 하나님은 꿈이 이루어지기 전에 우리의 믿음과 성품의 견고함을 위한 시험을 통과하게 하신다. 이 시험을 통과하는 사람에게는 그에 맞는 직임이 준비되어 있다. 요셉의 꿈이 이루어지기 전에 많은 시험과 시련을 이기는 진주 같은 성품과 믿음을 보였다. 원수를 용서하고 모든 일에 성실하며 하나님을 신뢰하고 결코 포기하지 않고 하나님이 주신 꿈을 향해 나아갔다.

시련과 고난을 통해 꿈이 이루어질 때 하나님께서 영광받으신다. 그만큼 꿈을 간직하고 나아가는 동안 믿음이 견고해지고 성품이 성숙해졌기 때문이다. 우리는 꿈의 가능성을 가볍게 여겨서도 꿈을 성취하시는 하나님의 능력을 과소평가해서도 안 된다. 우리의 믿음은 궁극적으로 가능한 것을 위해서가 아니라, 불가능한 것을 위해 필요하기 때문이다. 만약 우리에게 주신 꿈의 실현이 불가능하다면, 꿈을 이룰 수 있는 어떤 도움이 필요하다. 우리가 하나님을 의지하고 신뢰하는 믿음의 실재가 필요한 이유가 여기에 있다. 하나님께서는 꿈을 성취할 능력이 있다고 확신을 가진 사람들을 세우기 원하신다.

진실로 이 세상에 하나님께서 성취하지 못할 큰 꿈은 없다. 더욱이 하나님께서 주신 꿈은 반드시 이루신다. 우리가 꿈을 거부하거나 포기하지 않는 한 말이다. 하나님은 요셉에게 꿈을 주셨을 뿐만 아니라, 그가 당할 시험까지도 모두 아셨다. 요셉은 꿈 때문에 형들과 주위 사람들에게 배척받았지만 꿈을 간직했다. 그것은 하나님께서 그에게 주신 꿈에 대한 흔들리지 않는 확신 때문이다. 이처럼 믿음은 바라는 것들의 실상이요 보지 못하는 것들의 증거다(히 11:1).

하나님은 시험을 통과한 믿음의 사람들을 항상 도우신다. 하나님께서는 지금도 많은 사람들에게 꿈을 주시고 스스로 이룰 수 없는 꿈을 믿도록 초청하신다. 그리고 꿈에 대한 확신을 가질 때, 어김없이 포기시키려는 시험이 닥쳐온다. 이것이 우리가 꿈의 성취를 위한 믿음 시험을 통과해야 할 이유다. 요셉은 시험을 통과했고, 응답은 하룻밤 사이에 찾아왔다. 요셉이 애굽의 총리가 되었을 때 형들이 찾아와 절을 하는 꿈이 이루어졌다.

그러므로 하나님이 주시는 시대적인 꿈을 받자. 그리고 그 꿈을 간직하고 성취하자. 하나님께서 꿈의 성취를 위한 믿음 시험을 통과하는 사람에게 능력을 주신다. 꿈을 소유한 사람은 하나님에 대한 신뢰와 반드시 이루어진다는 확신을 가져야 한다. 믿는 자에게는 능치 못함이 없고, 믿지 않는 자에게는 아무것도 가능하지 않다.

예수께서 이르시되 내 말이 네가 믿으면 하나님의 영광을 보리라 하지 아니하였느냐 하시니(요 11:40).

Chapter

05

높은 삶으로의
부르심

높은 삶으로의 부르심

—

많은 그리스도인이 육신의 법과 성령의 법과의 어려운 싸움을 싸우고 있다. 이 싸움은 밖에서 오는 마귀의 공격이기보다 자신의 혼의 타락된 본성과의 싸움이다. 자신의 혼과 싸우고 승리를 취하기 위해서는 육체의 욕심과 그에 따르는 행위들을 십자가에 못 박고 죽음으로 내몰아야 한다. 이것은 육신의 정욕과 안목의 정욕과 이 생의 자랑에서 나오는 것이다. 바울 사도 자신도 이러한 싸움을 싸웠다.

내 지체 속에서 한 다른 법이 내 마음의 법과 싸워 내 지체 속에 있는 죄의 법으로 나를 사로잡는 것을 보는도다 오호라 나는 곤고한 사람이로다 이 사망의 몸에서 누가 나를 건져내랴(롬 7:23-24).

우리가 육체와 성령의 소욕을 함께 섬긴다면, 하나님의 가장 높은 목적을 인식할 수 없다. 하나님의 높은 부르심은 오직 성령의 능력이 우리의 혼을 거룩하게 하고 매일 자신의 십자가를 지고 자신을 산 제물로 드릴 때 성취되는 것이다.

그러므로 형제들아 내가 하나님의 모든 자비하심으로 너희를 권하노니 너희 몸을 하나님이 기뻐하시는 거룩한 산 제물로 드리라(롬 12:1).

"내가 이르노니 너희는 성령을 따라 행하라 그리하면 육체의 욕심을 이루지 아니하리라"(갈 5:16). 이를 위해 우리는 먼저 혼적 영역에서 반드시 승리해야 한다. 그래야 마지막 때의 사역을 위해 하늘에 있는 악한 영들과 정사와 권세들과 이 세상에 속한 어둠의 영들과 싸워 승리할 수 있다. 만일 우리 안에 타락한 본성의 씨앗들이 남아 있다면 적의 급습에 문을 열어놓는 격이 될 것이다.

우리는 반드시 신적 본성의 참여자가 되어야 하고 이 세상에 있는 정욕을 따라 썩어져 가는 것으로부터 자유해야 한다. 우리 안에 신적 본성이 머물지 않고는 사람을 타락시키는 문화 속에서 믿음을 지킬 수도, 영적 전쟁에서 승리할 수도 없다. 우리의 타락한 본성의 욕망과 육체의 행위를 십자가에 못 박음으로 보행자와의 경주를 이길 뿐만 아니라, 말과의 경주에서도 이길 수 있다.

> 만일 네가 보행자와 함께 달려도 피곤하면 어찌 능히 말과 경주하겠느냐 네가 평안한 땅에서는 무사하려니와 요단강 물이 넘칠 때에는 어찌하겠느냐(렘 12:5).

높은 삶으로의 부르심에 응답하고자 하는 모든 그리스도인에게 있어서 육체의 법을 거부하는 것이 소극적인 자세라면, 거룩함을 추구하는 것은 적극적인 자세다.

> 그런즉 사랑하는 자들아 이 약속을 가진 우리는 하나님을 두려워하는 가운데서 거룩함을 온전히 이루어 육과 영의 온갖 더러운 것에서 자신을 깨끗하게 하자(고후 7:1).

주님을 주인으로 모시는 삶
—

주님을 구세주로 믿는다는 고백과 삶의 주인으로 모시는 것에는 큰 차이가 있다. 회개와 주인 삼음 없이 믿는다는 말은 성립이 안 됨에도 불구하고 많은 사람이 자기 부인 없이, 자아의 내려놓음 없이, 주인이신 주님에 대한 굴복함 없이, 예수님을 믿고 따른다고 말한다. 이것은 회개 없는 믿음이요, 성결 없는 구원이요, 굴복 없는 정신적 동의에 불과하다. 이들은 하나님의 은혜를 넓게 해석하여 굴복 없이, 주권이양 없이, 자신의 삶을 마음대로 살면서 구원의 백성을 자처한다. 주님을 주인으로 모시는 것은 삶의 주인이 내가 아니라 주님임을 고백하고, 인정하고, 굴복하는 것이다.

어느 날 새벽 '삶 전체를 드려'라는 내적 음성을 들었다. 주님께서 우리에게 전부를 주셨듯이, 우리도 삶의 전부를 주님께 드려야 한다. 우리와 주님과의 관계는 밭에 감춰진 보화를 찾은 사람이 모든 것을 팔아 그 밭을 산 것과 같이, 비싼 진주를 사기 위해 모든 것을 내어 놓음과 같이, 우리의 모든 것을 드려 주님을 주인으로 삼는 것이다. 이 삶은 주님이심을 입술로 고백하는 것과 그분의 구원의 능력에 우리의 믿음을 두는 차원을 넘어서서, 주님께서 우리의 모든 생각과 생활을 하루 종일 주장하시도록 내어 드리는 것이다.

주님은 "유일하신 주권자이시며 만왕의 왕이시며 만주의 주"(딤전 6:15)이시다. 주님은 자연만물과 시간과 영원을 다스리신다. 예수를 그리스도로 믿는 사람들의 마음속에 아직도 그분을 대적하는 것이 남아 있을 수 있지만, 주님은 이 세상에 다시 오셔서 모두를 그 발 아래 굴복시키고 다스릴 것이다.

"이러므로 하나님이 그를 지극히 높여 모든 이름 위에 뛰어난 이름을 주사 하늘에 있는 자들과 땅에 있는 자들과 땅 아래에 있는 자들로 모든 무릎을 예수의 이름에 꿇게 하시고 모든 입으로 예수 그리스도를 주라 시인하여 하나님 아버지께 영광을 돌리게 하셨느니라"(빌 2:9-11).

이 말씀은 예수님이 모든 사람의 주인이 되신다는 것이다. 예수 그리스도의 이름은 주님이시다. 모든 것의 주님이시요, 이제 온 인류가 모든 무릎을 꿇고 주님으로 맞을 때가 곧 올 것이다. 신약성경은 삼천 번 이상 예수님을 주님(주인)으로 말하고 있다. 참된 믿음은 우리의 모든 것을 다 맡기고, 우리의 전부를 굴복시키고, 주님을 주인으로 모셔 들이는 것이다.

나의 주님이시요 나의 하나님이시니이다(요 20:28).

시몬 베드로가 이를 보고 예수의 무릎 아래에 엎드려 이르되 주여 나를 떠나소서 나는 죄인이로소이다 하니(눅 5:8).

내 마음 가장 높은 곳에 머무시는 주님

—

지극히 개인적인 영적 체험을 통해 깨닫게 된 것은 주님은 나의 마음 제일 높은 곳, 제일 귀한 곳에 머물기를 원하신다는 것이다. 찬송가 94장의 가사처럼 "이 세상 부귀와 명예와 행복과 바꿀 수 없네, 주 예수보다 더 귀한 것은 없네"라는 고백을 다시 한 번 체험했다. 우리 삶의 최고 목적은 하나님을 기쁘시게 하고 그분을 영원토록 즐거워하는 것이다. 그러기 위해서는 우리 마음 가장 높은 곳에 주님을 모셔야 한다. 이는 주님의 얼굴과 영광을 구하는 것을 삶의 가장 최우선 목표요, 기도제목이 되게 하는 것이다.

"여호와여 내가 주께서 계신 집과 주의 영광이 머무는 곳을 사랑하오니"(시 26:8). 이것은 상황과 형편을 초월하여 지속적으로 하나님을 신뢰하고 감사하며, 찬송하며 기뻐하고, 영광을 돌리며 그분의 영광을 선포하는 수준 높은 승리의 삶을 요구한다. 그러기 위해서는 매일 자신의 생각의 견고한 진을 파하고 모든 생각을 그리스도에게 복종시켜야 한다.

우리의 싸우는 무기는 육신에 속한 것이 아니요 오직 어떤 견고한 진도 무너뜨리는 하나님의 능력이라 모든 이론을 무너뜨리며 하나님 아는 것을 대적하여 높아진 것을 다 무너뜨리고 모든 생각을 사로잡아 그리스도에게 복종하게 하니 너희의 복종이 온전하게 될 때에 모든 복종하지 않는 것을 벌하려고 준비하는 중에 있노라(고후 10:4-6).

또한 육체의 정욕과 안목의 정욕과 이생의 자랑을 멀리하고 생명의 성령의 법 안에 살기를 힘써야 한다. 우리 힘만으로는 불가능하기 때문에 항상 성령의 충만과 인도와 도우심을 구해야 한다.

이는 그리스도 예수 안에 있는 생명의 성령의 법이 죄와 사망의 법에서 너를 해방하였음이라(롬 8:2).

기억하자. 우리 마음 가장 높은 곳에 머무시는 주님은 하늘 위에 높으신 분이시며(시 57:11), 하늘과 땅의 주인이심을(시 89:11). 그분을 마음 가장 높은 곳에 모시는 사람은 '영광의 집'이 될 것이요(사 60:7), 그분을 찾고 얼굴을 구하는 사람은 영광의 왕이 들어가시는 '영광의 문'이 될 것이다(시 24:7). '영광의 집, 영광의 문'이 되는 사람은 다가온 대부흥의 통로요, '부흥의 영광'이라 칭함을 받을 것이다. 하나님을 마음 가장 높은 곳에 모시는 사람은 삶의 지경이 넓혀지며, '넓은 장소'(르호봇, 창 26:22)를 얻게 될 것이다.

그를 높이라 그리하면 그가 너를 높이 들리라 만일 그를 품으면 그
가 너를 영화롭게 하리라(잠 4:8).

아이티(Intimacy Time) : 하나님과의 친교 시간

—

성도의 영적 성장을 돕는 가장 대표적인 프로그램은 제자훈련, 강
해 설교, 큐티일 것이다. 수많은 청년 그리스도인과 교인들이 큐티
를 생활화하고 제자훈련과 강해 설교가 홍수처럼 넘쳐나도 교인들
의 삶은 여전히 변화가 없고, 안티 기독교 운동은 더욱 거세어지는
이유는 무엇일까? 큐티가 더 이상 개인의 삶과 사회를 변화시키는
능력을 발휘하지 못한다면 어떻게 해야 할까? 세대가 악해질수록
우리는 크신 주님의 능력에 접촉되어야 한다.

이를 위해 주님께서 친밀한 교제의 더 깊은 장소와 하늘의 영광
을 체험하는 영역으로 우리를 초청하신다. '올라오라, 올라오라,
산꼭대기로 올라오라! 올라오라, 영적 영역으로 올라오라!'는 초청
의 음성을 들을 수 있는 영적 귀를 가진 사람은 복되다. 하나님께
서 이제 하나님 나라의 초자연적인 역사를 이 땅에 나타낼 자들을
일으키고 계신다. 그들은 주님의 음성을 듣고 다가오는 세계적 추
수를 위해 의로움과 거룩함 안에서 준비되는 하나님의 친구들이

될 것이다. 하나님과의 친밀한 교제 시간을 통해 은밀한 장소에서 우리가 주님 안에서 안식하고, 그분의 성품과 능력을 전수받아 세상을 향한 하나님의 통로가 되는 것이다.

나는 당신에게 아이티(Intimacy Time)를 추천한다. 아이티는 하나님의 음성을 들을 뿐만 아니라, 이 땅에 행하실 하나님의 계획과 하늘의 전략에 동참하는 것이다. 그리고 성령 안에서 24시간, 7일, 365일 시간과 장소에 구애받지 않고 주님과 교제하는 것이 아이티다. 아이티는 다음과 같이 하면 된다.

1. 주님의 이름과 성품과 베푸신 은혜에 감사하고 주님의 이름을 높이는 고백을 한다.
2. 주님을 찬송하고 송축하며 경배한다.
3. 하나님의 말씀과 약속을 묵상하고 믿음으로 고백하고 영광을 선포한다.
4. 영으로 기도하고 노래한다.
5. 침묵하며 기다리고 하나님께서 보여 주시는 것을 보고, 들려주시는 것을 듣는다.
6. 감사하고 믿음 안에서 행한다.

주님과의 친밀한 시간의 결과는 성령의 나타남과 능력이 될 것이다.

내 말과 내 전도함이 설득력 있는 지혜의 말로 하지 아니하고 다만
성령의 나타나심과 능력으로 하여 너희 믿음이 사람의 지혜에 있지
아니하고 다만 하나님의 능력에 있게 하려 하였노라(고전 2:4-5).

하나님을 기다림
—

우리는 하나님의 시간을 기다리는 비밀을 배워야 한다. 하나님을
서두르게 하는 것은 그분을 책망하는 것과 같다. 하나님은 결코 늦
으시는 법이 없지만, 우리가 기대하는 순간에 오시지는 않는다.

주여 내가 눈을 들어 주께 향하나이다 상전의 손을 바라보는 종들의
눈 같이, 여주인의 손을 바라보는 여종의 눈 같이 우리의 눈이 여호
와 우리 하나님을 바라보며 우리에게 은혜 베풀어 주시기를 기다리
나이다"(시 123:1-2).

종이 주인을 보챌 수 없다. 주인이 명령을 내릴 때까지, 주인이
행차할 때까지 기다려야 한다. 일상에서 하는 모든 일이 다 그런

것은 아니지만, 주님의 음성을 듣지 않고 주님이 말씀하지 않으셨는데 스스로 행하는 일은 혼동에 빠지기 쉬운 가장 확실한 방법이다. 주인이 전해줄 말을 하지 않았는데, 종이 심부름을 위해 달려가는 것과 같다.

지금 주님의 얼굴과 영광을 바라보는 많은 사람이 하나님의 약속과 순종 사이에서 주님의 음성을 기다리고 있다. 하나님의 때와 시대의 때를 바라보면서 나의 때를 기다리고 있는 것이다. 그러나 그리스도인들이 빠지기 쉬운 가장 큰 함정 중 하나는 하나님께서 오셔야 한다고 생각하는 때에 오시지 않으면, 거의 대부분이 기다리지 못하고 조급하여 자의적으로 무엇인가를 시도한다는 것이다.

정말 급할수록, 당장 하나님의 도움이 필요할수록 하나님을 바라보고 기다려야 한다. 사무엘상 13장에서 사울 왕은 사무엘이 오기로 정한 칠 일에 오지 않고 블레셋 사람들이 쳐들어오자 조바심을 내어 사무엘 선지자 없이 희생제사를 드렸다. 제사가 끝나자 사무엘이 도착하였고, 기다리지 못한 사울은 하나님의 목적을 놓치고 말았다.

하나님은 결코 늦지 않으신다. 하지만 우리가 원하는 시간에는 좀처럼 오시지 않는 것도 사실이다. 여기에는 분명한 이유가 있다. 하나님께서는 기다리는 시간에 우리 안에서 어떤 일들을 행하시고 있다는 것을 알아야 한다. 나는 너무 급한데 아무것도 하지 않고 하나님 앞에서 그저 기다리는 것은 정말 어려운 일이지만 궁극적으로 가장 큰 일을 하게 되는 비결이다.

그러므로 하나님을 바라보고 기다리는 시간은 하나님께서 우리에게 주시기 원하는 것을 받을 수 있도록 준비되는 기간이다. 기다림을 통해 우리 영혼의 불안한 동요가 사라지고 앞으로 주어질 일을 잘 감당할 성품과 믿음을 준비시키고 계신다는 것을 아는 사람은 어떤 초조한 순간에도 하나님을 신뢰할 수 있다. 그래서 오늘도 나는 하나님을 바라보며 기다린다.

이르시기를 너희는 가만히 있어 내가 하나님 됨을 알지어다 내가 뭇 나라 중에서 높임을 받으리라 내가 세계 중에서 높임을 받으리라 하시도다(시 46:10).

내 영혼아 네가 어찌하여 낙심하며 어찌하여 내 속에서 불안해 하는가 너는 하나님께 소망을 두라 나는 그가 나타나 도우심으로 말미암아 내 하나님을 여전히 찬송하리로다(시 42:11).

하나님 안에 머물기

—

혼란스러운 이 시대에 하나님 안에 머물기는 쉽지 않다. 우리는 성경공부나 기도회, 그리고 봉사활동과 전도 등에는 잘 참여하지만 아무것도 하지 않고 우리의 영을 집중해서 하나님만을 묵상하는 일은 쉽게 하지 못한다. 하나님의 성품을 붙잡는다는 것은 영적 안식의 경지에 들어가는 것이다. 이것은 우리를 위해 승리하신 그리스도의 승리 안으로 우리의 영이 들어가는 것이요, 그리스도 안에서 하나님과 하나 되는 것이다. 또한 내가 십자가를 통해 죽고 하나님 안에서 그리스도와 함께 다시 사는 것이다.

우리의 신앙생활은 하나님을 만나고 그분을 구하는 데 초점이 맞추어져야 한다. 바울은 빌립보서 3장 10절에서 "내가 그리스도와 그 부활의 권능과 그 고난에 참여함을 알고자 하여"라고 하였다. 예수를 알기 원하는 그의 열정이 구원의 지식, 교회 질서, 전도와 모든 사역을 건강하게 생산해 내었다.

바울의 지식은 그리스도를 경험하는 것에서 비롯되었다. 하나님을 알고자 하는 바울의 열정에서 계시가 나왔고, 성경을 기록했고, 영원한 것에 대한 지식이 나왔다. 그동안 교회는 하나님을 체험하고 알기보다 하나님에 대해 공부하기를 힘써왔다. 교회가 그리스도의 실체 없이 그리스도에 대한 종교생활에 만족했던 것이다. 성경은 전능자를 경험한 사람들의 역사 기록이다. 하나님과의 개인적 만남이 성경과 신학의 기초가 되었다. 하나님에 대한 지식은 하나님의 진리인 동시에 하나님께로 가는 지도다.

지식보다 더 넓은 장소가 있다. 영원한 장소가 있다. 그곳은 진실로 가장 높으신 분의 보금자리와 그분의 그늘이다. 하나님께서 우리로 하여금 들어오게 하시는 사랑의 거주 장소가 있다. 이곳에 머물 때 우리는 진정한 평화와 기쁨을 발견하게 되고, 하나님을 사랑으로 알고 체험하게 될 것이다.

지존자의 은밀한 곳에 거주하며 전능자의 그늘 아래에 사는 자여(시 91:1).

주께서 생명의 길을 내게 보이시리니 주의 앞에는 충만한 기쁨이 있고 주의 오른쪽에는 영원한 즐거움이 있나이다(시 16:11).

하나님의 친구 되기(1) : 하나님과 시간 보내기

—

이런 복음성가가 있다.

나는야 친구 되신 하나님과 푸른 초장 한없이 거니네
손을 잡고 기쁨을 나누면서 단 둘이서 한없이 거니네
손을 잡고 기쁨을 나누면서 단 둘이서 한없이 거니네.

찬송가 442장 후렴은 이렇게 노래한다.

주님 나와 동행을 하면서 나를 친구 삼으셨네
우리 서로 받은 그 기쁨은 알 사람이 없도다.

하나님은 우리와 친구 되기를 원하신다. 하나님과 친구가 된다
는 것은 더없이 귀하고 영광스러운 일이다. 하나님을 위해 성공적
인 사역자가 되는 것보다 하나님과 친구 되는 것이 더 귀하다는 사
실을 아는 것은 특별한 은혜다.
  '하나님의 친구 되기'의 첫째 조건은 하나님의 음성을 듣기 위해
잠잠히 그분의 임재 안에 있는 것이다. 그러기 위해서는 생활이 분
주하면 안 된다. 옛날에는 만나는 사람들마다 하는 인사가 "밥 먹
었느냐?"였으나, 현대인들은 "바쁘지?"다. 바쁜 생활과 분주함에
서 벗어나서 하루에 30분, 1시간이라도 하나님 앞에 잠잠히 앉아
친밀한 시간을 보내는(기도하는 시간을 말하는 것이 아니다) 것이 낭비
가 아니라 가장 귀한 영적 투자라는 사실을 안다면, 그는 이미 '하

나님의 친구'가 되는 길에 들어선 것이다.

하나님께 말하기(기도)에 익숙한 우리는 이제 하나님으로부터 들어야 한다. 그분과 친밀해질 때, 그분과 시간을 보낼 때 들을 수 있다. 우리가 하나님과의 친밀한 관계 속에서 시간을 보내는 것에는 어떤 법칙이 있는 것은 아니다. 어린아이가 부모에게 오듯이 하나님 앞으로 나오는 것이다. 그저 하나님 곁에 머무는 것이다. 주일학교 때 부른 노래가 기억난다.

예수께로 가면 나는 기뻐요
걱정근심 없고 정말 즐거워
예수께로 가면 나는 기뻐요
나와 같은 아이 부르셨어요.

어린아이처럼 주님께 달려 나갈 때, 기쁨의 근원되시는 주님의 기쁨을 맛볼 수 있다. 그리고 그분의 음성을 듣는 것이 어느새 너무 자연스럽고 친숙하다는 것을 발견하게 될 것이다. 영적 성숙은 시간을 허비하는 것이 아니라, '하나님의 친구'로서 교제하는 시간이 쌓일 때 찾아온다.

이에 성경에 이른 바 아브라함이 하나님을 믿으니 이것을 의로 여기

섰다는 말씀이 이루어졌고 그는 하나님의 벗이라 칭함을 받았나니 (약 2:23).

하나님의 친구 되기(2) : 얼굴과 얼굴로

—

우리가 간절히 원하고 추구하면 하나님과 친구가 되는 놀라운 진리가 열려 있다. 하나님의 친구가 되는 비결은 온 마음으로 하나님을 찾고 가까이 나아가고 함께 머무는 것이다. 아삽은 "하늘에서는 주 외에 누가 내게 있으리요 땅에서는 주 밖에 내가 사모할 이 없나이다"(시 73:25)라고 고백했으며, 다윗은 평생에 하나님을 송축하며 주의 권능과 영광을 사모하여(시 63:2-4) 주의 앞의 기쁨과 주의 우편의 영원한 즐거움을 발견하였다(시 16:11). 또한 하나님과의 친밀함 가운데서 그분의 언약을 알게 되는 계시적 관계 속으로 들어가게 되었다(시 25:14).

하나님은 신비의 하나님이시다. 이 하나님은 자신을 친구 되는 자에게 나타내기를 기뻐하신다. 우리가 친밀한 교제 가운데로 들어가 그분의 성품을 노래하고, 지혜를 기뻐하고, 예배하고, 그분을 바라보면, 하나님은 자신을 계시하시고 우리에게 주신다. 이것이 하나님의 신비이고 그리스도의 비밀이다. 하나님은 우리가 예수 그리스도에 대한 지식과 비밀을 알게 됨으로 우리의 마음을 열정으로 타오르게 하신다.

바울 사도는 주 예수 그리스도를 아는 지식이 가장 고상하여 모든 것을 배설물로 여기고 오직 그리스도 예수께 잡힌 바 된 그것을 잡으려고 달려간다고 하였다(빌 3:8-12). 하나님과의 친밀함을 추구한 바울은 셋째 하늘에 이끌려 올라가 사람이 가히 이르지 못할 말에 대한 계시를 경험했다.

그가 낙원으로 이끌려 가서 말로 표현할 수 없는 말을 들었으니 사람이 가히 이르지 못할 말이로다(고후 12:4).

마지막 때의 비밀과 하늘의 계시가 많은 사람에게 열리고 있다. 하나님께서는 친밀한 관계로 들어오는 사람들에게 비밀을 드러내실 것이다. 우리가 성령 안에서 하나님의 거룩함 안으로 가까이 나아갈 때, 빛 안에 이미 드러난 하나님의 계시를 듣고 보게 될 것이다. 성령님과의 교제를 통해 하나님과 그리스도와의 친밀한 교제 안으로 들어가는 하나님의 친구들에게 시대의 비밀과 예수 그리스도의 비밀을 알게 하신다는 것이다. 이것이 하나님의 친구가 되는 특권이다. 더욱이 하나님의 친구가 되는 사람들은 주님을 얼굴과 얼굴을 대하여 보게 될 것이다. 그래서 부분적으로 알던 우리가 주님을 온전히 알게 되는 사랑으로 인도되는 것이다.

사람이 자기의 친구와 이야기함 같이 여호와께서는 모세와 대면하여 말씀하시며(출 33:11).

너희는 내가 명하는 대로 행하면 곧 나의 친구라 이제부터는 너희를 종이라 하지 아니하리니 종은 주인이 하는 것을 알지 못함이라 너희를 친구라 하였노니 내가 내 아버지께 들은 것을 다 너희에게 알게 하였음이라(요 15:14-15).

우리가 지금은 거울로 보는 것 같이 희미하나 그 때에는 얼굴과 얼굴을 대하여 볼 것이요 지금은 내가 부분적으로 아나 그 때에는 주께서 나를 아신 것 같이 내가 온전히 알리라(고전 13:12).

평안과 안식

—

사망 권세를 멸하신 주님이 주시는 평화가 진정한 평화다. 성령이 임하실 때의 평화는 하나님 나라가 우리 안에 임했다는 증거다. 내 곁에 아무도 없다고 느낄 때, 평화를 누릴 수 있다면, 그것은 주님이 나와 함께 있음을 믿는 믿음의 평화를 발견한 것이다. 고난의 풀무 속에서 하나님의 선하심과 신실하심을 여전히 믿는 사람은 참된 평화의 사람이다.

믿음은 상황에 의존하지 않고 하나님의 선하심에 기반한다. 우리는 어떤 환경에서도 하나님의 선하심을 믿어야 한다. 이것이 참되고 영원한 평화를 소유할 수 있는 비결이다. 그리고 주님 안에서 안식을 발견한 사람에게 주어지는 열매가 평화다. 안식 안에 나를 위한 넓은 장소가 있다. 그 비밀한 장소 안으로 밀고 들어가라. 그곳에는 외로움과 고독이 아니라 한적함과 안식이 있다. 외로움은 원하지 않은 고독이다. 그러나 한적함은 자발적으로 고독을 선택하는 것이다. 안식의 장소에서 자신의 삶의 목적과 궁극적 사명을 발견할 수 있다.

지금은 우리 마음의 전쟁을 멈추고 안식해야 할 때다. 완전한 맡김과 참된 평화는 안식의 산물이다. 안식을 배운 사람은 하나님과의 비밀한 장소에서 나오게 될 것이며, 그때 우리가 포기한 것 이상의 것과 함께 나올 것이다. 이처럼 스스로 또는 굴복을 통해 한적함을 택한, 그리고 주님 안에서 안식과 평화를 발견한 사람은 '남은 자(Remnant)'로 '이기는 자(Overcomer)'로 서게 될 것이다.

그리스도인에게 안식은 신앙의 승리를 위한 선택이 아니라 필수다. 나의 노력을 중단하고 하나님의 시간 안으로 들어갈 때, 우리는 이전에 경험하지 못한 안식과 평화를 소유하게 될 것이다. 하나님의 시간은 영원하며, 그곳은 초조함이 없는 완전함의 장소임을 아는 것은 무엇보다 귀하다.

지금은 안식과 축하의 계절이다. 말할 수 없는 기쁨의 시간이다. 기도하면서도 여전히 염려하고 근심하고 있다면, 아직도 광야를 벗어나지 못한 것이다. 내가 겪고 있는 어떤 고난과 어려움보다 크신 하나님이심을 믿고 그분의 안식 안으로 들어가라. 그곳에서 완전한 평화를 발견할 것이다.

> 이미 그의 안식에 들어간 자는 하나님이 자기의 일을 쉬심과 같이 그도 자기의 일을 쉬느니라(히 4:10).

하나님 나라의 VVVIP

—

나는 하나님의 VIP(Very Important Person)다. 나는 하나님 나라의 VVVIP다. 나는 하나님 눈의 눈동자 같은 자요, 하나님의 특별 관리 대상이다. 백화점과 미용실에도 VIP 고객이 있다. 국가의 VIP, 세계의 VIP는 입국과 출국할 때 일반 출입구가 아닌 특별 출입구를 사용하고 그들을 위한 특별 휴게실이 있다. 출입구는 북적이지 않으며 휴게실은 품격이 있다. 하나님 나라의 VVVIP에게 그 통로는 거룩한 길이고 하나님의 대로다.

거기에 대로가 있어 그 길을 거룩한 길이라 일컫는 바 되리니 깨끗하지 못한 자는 지나가지 못하겠고 오직 구속함을 입은 자들을 위하여 있게 될 것이라 우매한 행인은 그 길로 다니지 못할 것이며(사 35:8).

외치는 자의 소리여 이르되 너희는 광야에서 여호와의 길을 예비하라 사막에서 우리 하나님의 대로를 평탄하게 하라(사 40:3).

하나님의 VIP 휴게실은 감사와 찬양과 경배와 사랑으로 가득 찬, 하나님과의 특별한 개인적 친밀함을 갖는 곳이다. 내가 주님을 만나는 시간은 새벽 3시부터 5시이다. 자명종도 없는 하나님의 시계는 항상 정확하다.

일어나 하나님께서 마련해 두신 VIP 휴게실인 거실에 나와 '감사합니다. 주님을 찬송합니다. 주님의 이름을 찬송합니다. 주님은 거룩하십니다. 주님은 전능하십니다. 주님은 광대하시고 위대하신 하나님이십니다. 주님은 너무 아름답고 좋은 분이십니다. 주님을 사랑합니다. 주님의 이름을 사랑합니다'를 고백한다. 말할 수 없는 평안과 사랑이 밀려온다. 성령의 임재로 몸이 따뜻해지고 감사, 즐거움, 기쁨과 웃음으로 충만하다. 나는 매일 언제든지 원하기만 하면, 그 특별한 휴게실에 들어갈 수 있다. 단 조용하고 번잡하지 않는 장소와 시간을 선택해야 한다. 이는 하나님의 VIP를 위해 준비된 영광의 라운지이고 영광의 집이다.

게달의 양 무리는 다 네게로 모일 것이요 느바욧의 숫양은 네게 공급되고 내 제단에 올라 기꺼이 받음이 되리니 내가 내 영광의 집을 영화롭게 하리라(사 60:7).

하지만 하나님의 VIP는 적에게 위협적인 요주의 인물이다. 나는 대적의 문을 파하는 하나님의 비밀병기다. 대적들은 내가 일어나면 자기들의 나라가 무너질 것을 알기 때문에 때로는 위협을 가하기도 한다. 그러나 나라(성령님)와 경호원들(천사들)의 특별 보호를 받고 있기 때문에 안전하다. 하나님의 VVVIP가 되려면 신앙의 품격을 높여야 한다.

땅에 있는 성도들은 존귀한 자들이니 나의 모든 즐거움이 그들에게 있도다(시 16:3).

너는 또 여호와의 손의 아름다운 관, 네 하나님의 손의 왕관이 될 것이라(사 62:3).

영의 찬양(1) : 상황을 초월하는 찬양
—

우리는 하나님의 영광을 찬양하기 위해 지으심을 받았다. "이 백성은 내가 나를 위하여 지었나니 나를 찬송하게 하려 함이니라"(사 43:21). 하나님을 입으로 마음으로 영으로 찬양하는 사람은 하나님의 영으로 인도받는 하나님의 아들들이다(롬 8:14).

우리가 성령 충만하면 마음으로 주님을 노래하고 찬송할 수 있다. 그러나 성령 충만의 상태를 항상 유지하기가 쉽지 않고, 힘든 일과 마음의 걱정에 눌려 있을 때에는 우리의 입술과 마음으로 하나님을 찬송하기가 어렵다. 그러나 이런 상황 속에서도 성령님은 우리의 영으로 찬송하게 하신다. 영으로 인도받는 성도들은 자신이 입술과 마음으로 기도하지 못할 때, 성령이 말할 수 없는 탄식으로 자신을 위해 기도하신다는 것을 알고 있다.

"이와 같이 성령도 우리의 연약함을 도우시나니 우리는 마땅히 기도할 바를 알지 못하나 오직 성령이 말할 수 없는 탄식으로 우리를 위하여 친히 간구하시느니라"(롬 8:26).

힘들고 어려운 상황 속에서도 영으로 찬송하게 하신다는 사실을 체험한 사람은 복되다. 바울 사도는 "내가 영으로 기도하고 또 마음으로 기도하며 내가 영으로 찬송하고 또 마음으로 찬송하리라" (고전 14:15)고 체험적인 고백을 했다. 기도하기 힘든 상황 속에서 영이 먼저 기도하면, 마음이 기도하게 되는 것처럼 찬송하기 힘든 상황 속에서 영이 먼저 찬양하면, 마음이 힘을 얻어 찬양하게 되는 것이다.

하나님 약속의 성취를 기다리는 동안 힘든 일이 한꺼번에 겹쳐 입술과 마음으로 찬송하지 못할 때 더욱 하나님을 찬송해야만 한다는 성령의 감동을 받았지만, 해결해야 할 많은 문제 때문에 하지 못하자, 성령께서 이틀 동안 내 영혼이 밤새도록 하나님을 찬송하게 하셨다. 내 영이 하나님을 찬송하는 것을 의식하면서 깊이 잠들지 못했지만, 내 마음이 깨어 있는 낮에도 찬양하게 하신 색다른 경험이었다. '내가 영으로 찬송하고 마음으로 찬송하게' 된 것이다. 이처럼 우리가 하나님의 영으로 인도받을 때, 하나님의 기록된 말씀을 들을 뿐만 아니라, 은혜를 경험하고 내 것으로 만들 수 있다.

한밤중에 바울과 실라가 기도하고 하나님을 찬송하매 죄수들이 듣더라(행 16:25).

내 영혼아 여호와를 송축하라 내 속에 있는 것들아 다 그의 거룩한
이름을 송축하라(시 103:1).

영의 찬양(2) : 심령 깊은 곳의 찬송

—

주님께 가까이 갈수록 이전에 경험하지 못했던 심령 깊은 곳에서
솟아나오는 찬송을 경험하게 된다. 오래전 새벽에 내 속에서 울려
나오는 가락이 있었다.

내 영이 주를 찬양합니다
내 영이 주를 찬양합니다
내 영이 주를 찬양합니다
내 영이 주를 찬양합니다
기뻐하라 나의 영혼아 감사하라 손을 들고
송축하라 주를 향해 외치라
기뻐하라 나의 영혼아 감사하라 손을 들고
송축하라 나의 영혼아

때로 몸이 무겁고 피곤하고 마음이 심히 눌리고 괴로워 찬양할

힘과 기분이 나지 않을 때 심령 속에서 울려 나오는 노래가 있다면, 그것은 입으로 부르는 노래도, 마음으로 부르는 노래도 아닌 영의 찬송이다.

다윗은 사울의 칼날을 피해 도망 다니던 굴속에서, 바울과 실라는 빌립보 감옥에서 쇠사슬에 묶여 있으면서 영의 찬송을 불렀다. 영의 찬송은 내 영혼 깊은 곳에서 우러나오는 것이다.

> 내 영혼의 그윽히 깊은 데서 맑은 가락이 울려 나네 하늘 곡조가 언제나 흘러나와 내 영혼을 고이 싸네(찬송가 412장).

영의 찬송은 환경과 처지를 초월하여 내 영이 초자연적인 하나님의 위대하심을 노래하는 것이다.

> 주님의 높고 위대하심을 내 영혼이 찬양하네(찬송가 79장).

진실로 영에서 우러나오는 찬송은 하나님만을 찬양하는 노래이고 그분께 올려 드리는 경배다. 세미한 성령의 음성을 듣게 된 영적 여정을 시작하면서 지금까지 많은 성령의 가르침들이 하나님에 대한 경배와 찬송에 관한 것들이었다. 오늘날 진실로 영과 진리로 예배드리기를 원하고 하나님을 진심으로 찾는 사람들에게 반복적으로 보여 주시고 들려주시고 가르쳐 주시는 것은 예배와 찬송이 너무나 중요하기 때문일 것이다. "이 백성은 내가 나를 위하여 지었나니 나를 찬송하게 하려 함이니라"(사 43:21)는 말씀처럼 우리를 지으신 목적의 참된 실현은 우리가 환경과 처지를 초월하여 영으로 찬송할 때 가능해지는 것이다.

영의 찬송은 가장 높은 목소리로 노래하는 것으로 하나님의 보좌 주위에서 영으로 노래하는 천사들의 수준에 합류하는 것이다. 깊은 곳에서 끌어올려져 높고 높은 하나님의 보좌에 이를 수 있는 노래는 오직 하나님만을 노래하는 영의 찬송뿐이다.

그러면 어떻게 할까 내가 영으로 기도하고 또 마음으로 기도하며 내가 영으로 찬송하고 또 마음으로 찬송하리라(고전 14:15).

하나님이여 내 마음을 정하였사오니 내가 노래하며 나의 마음을 다하여 찬양하리로다(시 108:1).

영광의 높은 수준
—

샌디 프리드는 칼럼 〈영광의 고속도로〉에서 다음과 같이 말했다.

나의 소원은 네가 나의 영광의 높은 수준으로 올라오기를 원하는 것이다. 내가 내 모든 백성에게 줄 새로운 기름 부으심은 그들이 나의 '새로운 것'을 붙잡기를 요구한다. 큰 영광을 위한 이 부르심은 자기 포기와 큰 희생을 요구한다. 내가 이제 나의 자녀들에게 적들을 패배시킬 전략들을 계시할 것이며, 나의 영의 위대한 수준들을 경험하게 할 것이다. 내가 그들에게 새로운 권능의 겉옷을 줄 것이며, 이 겉옷은 그들을 새로운 지도력으로 덧입힐 것이다. 그들은 하늘의 권세와 통치를 경험하는 백성이 될 것이다. 그들이 나의 정부를 이 땅에 세울 때, 나의 나라의 목적들로 조정되고 변화될 것이다. 이 새로운 겉옷이 그들의 삶과 사역과 문화와 사업과 가족들을 재정립할 것이다. 내가 나의 백성을 영광에서 영광으로 옮길 때, 그들은 점점 더 나의 형상으로 변화될 것이다.

이제 하나님께서 의로운 사람들을 택하여 큰 권능과 함께 하나님의 영광을 온 세상에 선포하게 하실 것이다. 이를 위해 굴복된 의로운 자들, 하나님을 극진히 찬송하는 사람들을 뽑아내시고 있다. 하나님께서 말씀하신다.

"작은 시작을 무시하지 말라. 나는 작은 것을 기뻐한다. 거기에 교만치 않음과 겸손이 있다. 이제 나에게 선택받을 자들은 큰일을 행하게 될 것이다. 이 일이 일어나면 많은 사람들이 '이것이 무엇인가?'라고 놀라워할 것이다. '그들은 어떤 사람들인가?'라고 물을 것이다.

　나를 바라보라! 오직 나만을 바라보라! 내가 이제 큰일을 보일 것이다. 나를 바라보라! 폭풍전야와 같은 침묵 속에서 낙심하지 마라. 내가 이 침묵의 시기에 앞으로 다스리기 위한 신뢰할 만한 믿음을 준비시키고 있다. 이제 선택받을 자들과 선택받지 못할 자들이 나올 것이다. 나의 음성 듣기를 배우고 또 배우라. 곧 많은 새로운 얼굴들이 일어날 것이다. 내가 나의 의와 찬송을 열방에 발할 영광의 군대를 준비시키고 있다. 나의 영광의 구름이 이제 곧 땅에 임할 것이다. 그때에 쓰임받도록 준비하라. 초조해하지 말고 신뢰하라. 감사하고 감사에 기쁨을 더하라. 그리고 현실이 약속과 거리가 멀면 멀수록 극진히 나를 찬양하라. 나의 영광을 세상에 선포하라. 네가 믿으면 나의 영광을 보게 될 것이다. 이제 곧 약속이 성취될 것이다."

　우리가 다 수건을 벗은 얼굴로 거울을 보는 것 같이 주의 영광을 보매 그와 같은 형상으로 변화하여 영광에서 영광에 이르니 곧 주의 영으로 말미암음이니라(고후 3:18).

예수께서 이르시되 내 말이 네가 믿으면 하나님의 영광을 보리라 하지 아니하였느냐 하시니(요 11:40).

영적 승진

—

주님을 사랑하는 수많은 그리스도인이 걸어가고 달려가다 기진맥진해서 쓰러지고 있다. 또한 믿음의 광야에서 터벅터벅 걷다가 주저앉기도 하고 포기하고 싶은 유혹을 받고 있다. 지금은 포기할 때도 절망할 때도 아니다. 뒤돌아보지 마라. 결코 포기하지 마라. 지금은 영적 영역에서 말을 타고 달려갈 때다.

마귀는 우리가 걸어가기를 원하지만, 주님은 말을 타고 달리는 용사가 되기를 원하신다. 걸어가는 사람들은 그들 앞에 무엇이 있는지 알 수 없다. 그들의 시야는 장애물로 막혀 있다. 그러나 말을 타면 빨리 갈뿐만 아니라 시야가 넓고 제한이 적다. 이제라도 속히 말에 올라타야 한다.

자신의 영혼구원을 넘어서는 열방 추수의 영적 전쟁을 할 때 말을 타는 것은 필수다. 걷는 자는 투덜대고 불평할 수 있다. 주저앉는 자는 원망할 수 있다. 쓰러지는 자는 낙심할 수밖에 없다. 그러나 말을 탄 사람은 장애물을 넘어 건너편의 승리를 볼 수 있다. 건너편은 약속의 땅이다. 우리가 말을 탔다면 이미 약속된 승리의 장소 안으로 방향을 정했다면 후퇴는 없다. 오직 전진과 약속의 성취만 있을 뿐이다. 지금은 영적 승진과 성숙의 때다. 지금은 말을 탈 때다. 그것도 희고 깨끗함을 상징하는 백마다(계 19:14). 즉 다음 단계를 위한 영적 승진은 정결함을 통해 온다는 것이다. 그 다음 영적 단계에서는 독수리처럼 날아서 산과 계곡이라도 쉽게 통과하는 수준에까지 이르러야 하겠다.

> 하늘에 있는 군대들이 희고 깨끗한 세마포 옷을 입고 백마를 타고 그를 따르더라(계 19:14).

새벽 묵상 중에, 새벽 2시에 일어나셔서 4시 30분까지 기도제목이 적힌 수첩을 보면서 아는 분들을 위해 20년 동안 매일같이 시골 교회 강단 앞에서 간구하고 중보하시던 아버지의 모습이 떠올랐다. 그 세대에는 하나님을 아버지로 구하는 열심은 있었지만, 하나님 친구로서의 교제의 기쁨은 잘 알지 못한 것 같다. 하나님을 모든 것을 공급하시는 아버지로만 여기고 구하던 기도 단계에서 하나님과 벗으로 지내는 친밀한 관계로 들어갈 때, 우리는 비로소 세상이 주지 못하는 영적 자유와 기쁨을 누리게 된다. 우리의 기도가 종교적 의무나 경건생활의 책임이 아니라 하나님과의 관계 안으로 들어가 세상을 향한 그분의 언약을 듣고 전달하는 선지자적 사명이 된다면, 열방 구원이 앞당겨질 것이다.

이러므로 우리에게 구름 같이 둘러싼 허다한 증인들이 있으니 모든 무거운 것과 얽매이기 쉬운 죄를 벗어 버리고 인내로써 우리 앞에 당한 경주를 하며(히 12:1).

운동장에서 달음질하는 자들이 다 달릴지라도 오직 상을 받는 사람은 한 사람인 줄을 너희가 알지 못하느냐 너희도 상을 받도록 이와 같이 달음질하라(고전 9:24).

영적 상승

—

꿈에서 나는 것은 영적 상승과 하나님께서 능력으로 역사하는 것을 상징한다. 우리의 싸움은 하늘에 있는 악한 영들과의 싸움이다.

우리의 씨름은 혈과 육을 상대하는 것이 아니요 통치자들과 권세들과 이 어둠의 세상 주관자들과 하늘에 있는 악의 영들을 상대함이라(엡 6:12).

그동안 중보기도와 영적 전쟁을 위해 달리거나 말을 탔다면, 이제는 전략적 중보기도와 하늘의 영적 전쟁을 위해 반드시 날아야 한다. 세상의 임금이요, 2층천의 공중권세를 잡은 사탄의 전략을 파쇄하고, 그들과의 대결에서 승리하려면 반드시 높이 날아야 하며 3층천인 하나님의 보좌로부터 전략을 받아야 한다.

2013년 9월에 미얀마와 한국 집회를 다녀온 후, 500미터 절벽에서 나는 꿈을 꾼 적이 있다. 바다를 연한 백사장으로 떨어질 줄 알았는데, 바다 건너 반대편 육지에 내리는 꿈이었다. 그냥 직선으로 내려온 것이 아니라, 멀리 반대편으로 날아 조그만 도시의 시장에 내려앉으니, 신기해하는 여자들과 교복을 입은 학생들이 둘러섰고 그들에게 나는 법을 가르치는 꿈이었다.

2014년 1월 31일부터 2월 19일까지 캄보디아와 베트남, 한국에서 집회를 했다. 캄보디아에서 치유사역을 마치고, 부산에 사시는 어머니 댁에서 자던 둘째 날 새벽에 전투기 조종석이 비상 탈출하듯이 공중으로 치솟는 꿈을 꾸었다. 조종석에 앉은 채로 눈 깜짝할 찰나에 우주 공간으로 올라갔는데, 좀 무서운 느낌이 들었지만 머리 위로 무수한 별들이 보였다. 별은 하나님의 약속으로 해석할 수 있고 그 약속이 가까이 온 것을 말해 주기도 한다. 그러나 이 꿈에서 가르치는 것은 영적 상승이며, 사역 현장에서 하나님의 능력으로 강력하게 역사할 것을 미리 보여 준 것임을 두 교회의 집회에서 알게 되었다. 부산과 김해 장유 집회에서 그동안 나타났던 치유의 기적들이 신속하고도 연속적으로 강력하게 나타났다. 소아마비와 구부러지고 마비된 다리들이 풀리는 하나님 능력의 역사가 있었다. 영적 상승, 곧 나는 것은 하나님의 능력 안에서 역사하는 것이다.

내 말과 내 전도함이 설득력 있는 지혜의 말로 하지 아니하고 다만 성령의 나타나심과 능력으로 하여 너희 믿음이 사람의 지혜에 있지 아니하고 다만 하나님의 능력에 있게 하려 하였노라(고전 2:4-5).

영적 비상

—

점점 더 많은 굴복된 사람들과 특히 청소년들이 영 안에서 들려 올려지는 경험(Trance)을 하고 있다. 어떤 사람들은 성장기가 아닌데도 꿈속에서 나는 경험을 하고, 하나님의 보좌와 천국 방문의 체험을 한다. 구약시대와 지상에서의 영적 전투에서 가장 빠르게 전진하는 방법이 말을 타는 것이라면, 나는 것은 이미 초자연적인 영역에 진입했다는 것과 하나님께서 오늘날 모든 교회를 '전략적 차원의 영적 전쟁'으로 부르신다는 것을 의미한다.

구약시대 모세가 경험한 최고봉은 시내 산 꼭대기에 올라가 강림하신 하나님을 만나는 것이었다. 전무후무한 경험임에도 불구하고 산꼭대기까지 올라가는 수고와 노력의 육체적 고통이 수반되었다. 모세가 경험한 것은 자연적 환경과 영적 체험이 겹쳐지는 신성한 광경이었다. 반면에 나는 것과 들려 올려지는 체험은 전적으로 영적이고 초자연적이다. 이는 마지막 때에 많은 사람에게 하늘의 전략을 알게 하고, 그들의 삶의 목적을 발견하게 하시는 백 퍼센트 하나님의 주권 속에 이루어지는 영적 경험이다.

이런 경험을 지속적으로 하는 사람들은 점점 더 하나님의 보좌와 그분의 영광을 사모하게 되고, 영적 차원에서 보는 것과 듣는 것의 현격한 진전을 하게 된다. 또한 그리스도와 함께 죽고 그분과 함께 살게 된 사람들은 이미 주어진 영적 위치를 발견하고 누릴 수 있다. 근본적으로 우리는 그리스도 안에서 함께 하늘에 앉혀진 존재다(엡 2:6).

그 위치는 걸어가고 달려가고 말을 탈지라도 미치기 힘든 높은 초자연적인 영역의 자리다. 반드시 날아야만 한다. 들려 올려져야만 한다. 영 안에서 하나님의 보좌와 초자연적인 영역을 자주 보고 듣고 경험했다면, 우리는 이미 이 세상에 하나님 나라의 디렉터로 임명되었다.

나는 사람은 참된 영적 자유를 경험할 것이다. 나는 사람은 초자연적인 능력을 이 땅에 풀어놓을 것이다. 예언의 은사와 치유를 비롯한 이적과 기사의 은사 안에서 움직이고 싶다면 영 안에서 날아야 한다. 영적 경험 안에서 날면서 어느 순간에 '하나님의 능력'을 외치는 자신을 발견하게 될 것이다. 그것은 지속적으로 하나님의 얼굴과 보좌를 사모하고 바라보는 사람에게 주어지는 상급이다. 이 은혜가 청년들에게 주어진다면 임박한 하나님 나라의 계획을 이 땅에 전하려는 하나님의 시대적인 계획이며 선물이 될 것이다.

이는 그리스도 예수 안에서 우리에게 자비하심으로써 그 은혜의 지극히 풍성함을 오는 여러 세대에 나타내려 하심이라(엡 2:7).

이 일 후에 내가 보니 하늘에 열린 문이 있는데 내가 들은 바 처음에 내게 말하던 나팔 소리 같은 그 음성이 이르되 이리로 올라오라 이 후에 마땅히 일어날 일들을 내가 네게 보이리라 하시더라(계 4:1).

영적 성장

—

영국의 에벌린 언더힐은 영적 성장을 다섯 단계로 말하고 있다.

1. 각성의 단계(Awakening) — 회심의 단계

2. 정화의 단계(Purification) ― 회심 이후의 성장 단계

3. 조명의 단계(Illumination) ― 성령 체험과 같은 신비의 단계

4. 영혼의 어두운 밤의 단계(Dark Night of Soul) ― 광야의 단계

5. 연합의 단계(Unified Life) ― 온전히 하나님과 하나 되는 단계

대부분의 성도가 조명의 단계에 머물러 있다. 반면에 영성가는 연합의 단계에 이르기를 사모한다. 영혼의 어두운 밤의 단계는 '배신의 장벽'과 같다. 모든 것을 바쳐 섬겨온 하나님이 어느 날 갑자기 자기를 버리고 임재와 보호를 거두시기 때문이다. 대부분의 성도들이 이 단계에서 하나님께 실망해서 신앙 성장이 멈추고 만다. 그러나 '연합의 단계'는 '그리 아니하실지라도'의 단계인 영혼의 어두운 밤을 통과한 성도들이 누리는 축복이다. 주님은 우리가 이 단계에 머물기 원하신다.

주님은 요한복음 17장 21절에서 "아버지여, 아버지께서 내 안에, 내가 아버지 안에 있는 것 같이 그들도 다 하나가 되어 우리 안에 있게 하사"라고 기도하셨다. 연합의 단계로 들어가는 돌파와 도약을 이루려면 완전한 무너짐과 완전한 굴복을 경험해야 한다. 이는 내 자아의 완전한 죽음을 경험하고 그리스도와 함께 십자가에 못 박히는 것이다. 한 알의 밀알이 땅에 떨어져 죽고 썩어지는 것이다. 그 후에 새 생명이 자라나듯, 나는 죽고 내 안에 그리스도께

서 사시는 부활의 경험을 통해 비로소 주님과의 연합된 생명이 솟아나게 된다.

2005년 8월, 근원적인 무너짐이 있은 후 몸에 임한 불이 밤낮으로 점점 뜨거워졌는데, 그러던 어느 날 밤 온몸이 너무 뜨거워 심장이 오그라지는 것 같았다. "주님 뜨거워 죽겠어요!"라고 소리쳤을 때, 하늘로부터 들려온 벼락같은 소리가 있었다. "죽…어…라!" 내 자아가 한순간에 무너지는 경험을 통해 비로소 주님이 말씀하신 하나님 안에 거하는 영광을 체험할 수 있었다. 이 체험은 다윗이 환경을 초월하여 경험한 주 앞의 충만한 기쁨이요, 주 우편의 영원한 즐거움이었다(시 16:11). 주 안에서 죽고 다시 사는 부활의 생명, 주님과의 연합이 우리 믿음의 목표가 되어야 한다.

> 예수께서 이르시되 나는 부활이요 생명이니 나를 믿는 자는 죽어도 살겠고 무릇 살아서 나를 믿는 자는 영원히 죽지 아니하리니 이것을 네가 믿느냐(요 11:25-26).

> 내가 그리스도와 함께 십자가에 못 박혔나니 그런즉 이제는 내가 사는 것이 아니요 오직 내 안에 그리스도께서 사시는 것이라 이제 내가 육체 가운데 사는 것은 나를 사랑하사 나를 위하여 자기 자신을 버리신 하나님의 아들을 믿는 믿음 안에서 사는 것이라(갈 2:20).

하나님과의 연합

—

하나님과의 연합은 거룩함을 이루는 단계로 사람이 이 세상에서 도달할 수 있는 영성의 최고 단계다. 하나님과의 연합에 이르는 길을 열 단계로 나눌 때, 넷째 단계가 거듭남이요, 일곱째 단계가 자아의 죽음이다. 자기를 부인하고 주님을 따르는 것이 제자 되는 근본임에도 불구하고 비록 거듭났다고 해도 완전한 자아의 죽음의 단계에까지 이르는 사람은 많지 않다. 바울 사도는 "내가 그리스도와 함께 십자가에 못 박혀 죽었나니(갈 2:20), 내게 사는 것이 그리스도니 죽는 것도 유익함이라(빌 1:21), 나는 날마다 죽노라"(고전 15:31)고 고백하였다.

이처럼 자아의 굴복이 이루어지고 난 후에 비로소 하나님의 뜻과 계명에 순종하는 관문에 들어서게 된다. 이제 나보다 하나님을 더 사랑할 수 있는 단계에 들어선 것이다. 그리고 자아의 죽음 이후에 들려오기 시작하는 하나님 음성으로 우리가 그분의 계명을 지켜 행할 수 있고 그것은 하나님을 사랑하는 결과로 나타난다. 주님께서는 "너희가 나를 사랑하면 나의 계명을 지키리라"(요 14:15), "나의 계명을 지키는 자라야 나를 사랑하는 자니"(요 14:21)라고 하셨다. 순종과 사랑의 종착역이 하나님의 거룩함에 이르는 연합이다.

잔느 귀용은 하나님을 사랑하고 그분과의 연합을 이루는 것을 다음과 같이 말했다.

하나님은 오직 그분의 음성을 듣고 그 뜻에 순종하기 원하신다. 하나님의 음성을 듣는 사람은 하나님의 뜻을 알고 그 뜻대로 행할 것이고, 하나님 안에 거하는 사람에게 하나님도 함께하시길 원하신다. 우리의 마음속에서 생각하고 말하는 것이 하나님의 뜻과 합쳐져야 한다. 이것이야말로 진정한 하나님의 임재이며, 하나님의 임재 안에 거하는 사람만이 온전함의 시작을 이룰 수 있기 때문이다. 하나님의 임재를 구하는 것, 즉 우리 속에 하나님과의 연합을 원하며 하나님의 얼굴을 구하는 것은 가장 쉬운 일이다. 우리의 영혼이 하나님과의 친밀함 속에 겸손히 기다리면 곧 하나님을 만나게 될 것이다. 거룩하신 하나님의 임재 안에 지속적으로 거하는 것이 하나님과의 연합이다.

아버지여, 아버지께서 내 안에, 내가 아버지 안에 있는 것 같이 그들도 다 하나가 되어 우리 안에 있게 하사 세상으로 아버지께서 나를 보내신 것을 믿게 하옵소서(요 17:21).

그 날에는 내가 아버지 안에, 너희가 내 안에, 내가 너희 안에 있는 것을 너희가 알리라(요 14:20).

사랑의 고백 : 주님을 사랑합니다
—

세상에서 가장 많이 회자되고, 공연되고, 영화화되고 노래로 불리는 주제는 아마도 사랑일 것이다. 그런데 이 사랑은 인간의 범주에서 벗어나지 못한다. 오래전 아침에 산책하다 신문 진열대에서 삼십 대 아들이 아버지와 다투다가 아버지를 차 후드에 매달고 질주해 아버지가 위독하다는 기사를 보았다.

남녀 간의 지고지순한 사랑, 부모자식 간의 피보다 진한 사랑에도 금이 가고 한계가 있는 것은 그 사랑이 변하고 영원하지 못하기 때문이다. 주님과 동행하는 그리스도인 영성의 최고봉은 아가페 사랑과 주님과의 연합이다. 주님이 내 안에 계신 것 같이 내가 항상 주님 안에 거하며, 주님이 나를 사랑하신 것 같이 내가 주님을 항상 사랑하는 것이 우리 신앙생활의 최대 목표가 되어야 한다. '항상'이라는 말을 쓰는 것은 주님은 항상, 영원히 우리 안에 거하시고 우리를 사랑하지만, 우리가 주님을 떠나고 때때로 세상을 사랑하기 때문이다. 그러므로 매일 매 순간 주님을 사랑한다고 고백해야 한다. 주님을 사랑한다고 하루에도 수십 번, 수백 번 고백한다면, 생각 속에 들어오는 죄의 유혹을 이길 수 있을 뿐 아니라, 이전보다 현저하게 육체와 세상의 소욕으로부터 자유롭게 된 자신을 발견하게 될 것이다.

이 세상이나 세상에 있는 것들을 사랑하지 말라 누구든지 세상을 사랑하면 아버지의 사랑이 그 안에 있지 아니하니 이는 세상에 있는 모든 것이 육신의 정욕과 안목의 정욕과 이생의 자랑이니 다 아버지께로부터 온 것이 아니요 세상으로부터 온 것이라(요일 2:15-16).

주를 향하여 이 소망을 가진 자마다 그의 깨끗하심과 같이 자기를 깨끗하게 하느니라(요일 3:3).

하나님께로부터 난 자마다 죄를 짓지 아니하나니 이는 하나님의 씨가 그의 속에 거함이요 그도 범죄하지 못하는 것은 하나님께로부터 났음이라(요일 3:9).

그리스도인이 자나 깨나, 앉으나 서나 주님만을 생각하고 사랑을 고백하는 것은 무엇과도 바꿀 수 없는 축복이다. 예수님은 "나를 사랑하는 자들이 나의 사랑을 입으며 나를 간절히 찾는 자가 나를 만날 것이니라"(잠 8:17)고 말씀하셨다.

얼마 전 아내와 함께 새벽기도 후에 공원으로 배드민턴을 치러 간 적이 있다. 경기 중에 옆 사람이 친 구기 종목 중 가장 속도가 빠르다는 셔틀콕이 강하게 오른쪽 눈알을 정확하게 강타했다. 그렇지 않아도 좋지 않아 조금은 걱정스러웠던 눈에 순간적으로 그런 일이 생겨 통증이 이루 말할 수 없을 정도였다. 그런데 갑자기 무릎을 꿇고 두 손으로 눈을 감싼 그 짧은 순간에 깜깜한 바탕에 노란 하트가 옆으로 새겨졌다 사라지는 것이다. '눈이 잘못되면 어떡하나?' 하는 걱정과 통증도 잊고 '주님을 사랑합니다'라고 고백했다. 다시 한 번 더 노란 하트가 그려졌다. 이번에는 조금 더 여유를 가지고 나지막하게 '주님을 사랑합니다'라고 고백했다. 이번에는 하트 안에 나만이 알 수 있는 하나님 약속의 사인을 새겨 주셨다. 하트 안에는 금방이라도 이지러질 것 같은 그믐달이 있었다. 80세가 넘은 한국에 계신 어머니가 살아 계시는 동안에 하나님께서 나에게 주신 약속을 이루실 것이라는 사인이었다. 내가 어떤 상황 속에서도 주님을 사랑한다고 고백한다면 말이다. 그래서 나는 오늘도 주님의 사랑을 고백하며 주님을 노래한다.

'이전보다 더욱 사랑합니다.'

하나님이 우리를 사랑하시는 사랑을 우리가 알고 믿었노니 하나님은 사랑이시라 사랑 안에 거하는 자는 하나님 안에 거하고 하나님도 그의 안에 거하시느니라(요일 4:16).

주님 모든 것을 아시오매 내가 주님을 사랑하는 줄을 주님께서 아
시나이다(요 21:17).

킹덤 빌더즈 훈련 : 하나님 나라를 세우는 사람들

1. **기름 부으심(요일 2:20)**을 통해 영·혼·육의 치료와 자유함을 받고(고후 3:17), 성령의 능력을 받아 포로 된 자와 눌린 자를 자유하게 하며 주의 은혜의 복음을 전파하는(눅 4:18-19) 사역자를 준비시키고 파송한다.

2. **하나님과의 친밀한 교제(시 25:14)**를 통해 하나님의 보좌와(계 4:2) 하나님의 심장 박동 듣기를 사모하며(요 13:25), 성령의 계시와 은사로(고전 2:7, 10, 12:8-10) 사람들을 섬기도록 훈련한다.

3. **요셉 축복 – 사업의 기름 부으심(창 41:48)**이 마지막 때의 급속한 세계복음화를 위해 하나님께서 그분의 백성에게 예비하신 축복임을 믿고(사 45:3, 60:5, 11, 슥 14:14), 열방을 유업으로 받을(시 2:8) 하나님의 백성을 준비시킨다.

4. **영적 전쟁과 사도적 추수운동(마 9:38)**을 위하여 도시와 열방을 위한 중보기도자를 훈련하며(사 62:6), 초대교회적 오중 사역을 통해(엡 4:11) 추수할 일꾼을 준비시키고 파송한다(마 28:19-20).

5. **세계 선교와 하나님 나라 부흥(사 11:9)**을 위한 기도와 선교의 연합에 힘쓸 하나님의 사람을(딤전 6:11) 준비시키고 파송한다.

하나님의 음성 듣기 훈련

"내 양은 나의 음성을 들으며 나는 저희를 알며 저희는 나를 따르느니라"(요 10:27).

성령으로 거듭난 성도는 누구나 하나님의 음성을 들을 수 있다. 우리는 주님과 친밀한 기도 시간을 통해 그분의 음성을 듣는다. 시편 25편 14절에 "여호와의 친밀함이 경외하는 자에게 있음이여 그 언약을 저희에게 보이시리로다"라고 약속하셨다. 자신을 향한 하나님의 음성은 기도 응답과 삶의 목적과 방향에 대한 성령의 인도로 나타나며, 남을 위해 듣는 것은 "덕을 세우며 권면하며 안위하는 것"(고전 14:3)으로서 예언(격려) 사역이 된다.

이 훈련의 목적은 성령의 기름 부으심과 하나님과의 친밀한 교제를 통해 '성령의 직관과 감동, 성령의 내적 음성, 지식의 말씀, 꿈, 환상, 천사의 음성, 귀에 들리는 음성' 등으로 하나님의 음성을 듣고 분별하는 훈련과 기도 사역을 통해 각자의 은사를 활성화시키고 다가오는 부흥의 시대를 위한 사역자로 준비시키는 데 그 목적이 있다.

꿈과 환상의 해석

요엘 선지자가 예언한 마지막 날에 대한 징조로 전 세계적으로 신령한 꿈과 영적 환상들이 쏟아져 내려오고 있다. 성경 전체에는 하나님께서 말씀하신 계시의 한 방편인 꿈과 환상들에 대한 기록으로 가득 차 있다. 이러한 꿈과 환상들은 예언적이며 그것이 이루어졌을 때, 역사가 바뀌어진 것을 볼 수 있다.

본 과정에서는 서구적 이성주의의 영향으로 나타난 꿈과 환상에 대한 부정적 선입견과 오해를 극복하고 주님과의 친밀한 교제를 추구하는 사람들에게 주님께서 그 자신을 알리시고 개인과 시대에 대한 그분의 뜻을 계시하는 방법으로서의 꿈과 환상을 이해하고 해석하는 것을 가르친다. 앞으로 한국 교회에도 본격적인 예언사역시대가 열릴 것이다. 이런 관점에서 꿈과 환상을 성령의 도우심과 훈련을 통해 해석하면 예언사역이 된다. 이 은사를 계발하고 접목해서 개인과 교회와 열방을 섬기는 사역자로 세우는 훈련 과정이다.

1. 서론   2. 하나님의 음성을 듣는 법
3. 꿈으로 말씀하시는 하나님   4. 꿈과 환상의 차이
5. 삶의 목적의 꿈   6. 사명과 은사 부여의 꿈
7. 삶의 방향 지시의 꿈   8. 미래 약속의 꿈
9. 가르치고 진리로 인도하는 꿈   10. 깨닫게 하고 교정하는 꿈
11. 사역의 꿈   12. 치유의 꿈
13. 선포적 꿈   14. 꿈과 환상의 해석과 적용

영적 전쟁과 중보기도 훈련

오늘날 성경이 말하는 이방인의 시대(롬 11:25) 말기에 세계 각처에서 성령님이 주도하시는 폭발적인 하나님 나라 부흥이 일어나고 있다. 이와 때를 같이하여 메시아닉 유대인 부흥의 징조가 본격적으로 시작되고 있다. 최근의 〈Megashift〉라는 선교 자료에 의하면 세계적으로 25분마다 3천여 명이, 하루에 17만 5천여 명이 주님께로 돌아오는 신사도행전적 역사가 일어나고 있다. 하나님의 때, 시대의 때를 분별하는 사람은 자신의 때(인간의 때)를 기다리며 항상 기도하며 깨어 있어야 한다(눅 21:36). 나아가서 "우리의 씨름은 혈과 육에 대한 것이 아니요 정사와 권세와 이 어두움의 세상 주관자들과 하늘에 있는 악의 영들에게 대함이라"(엡 6:12)고 한 것처럼 열방구원과 세계선교의 완성을 위해, 선교 사역을 위해 기도하는 수준을 넘어서서 영적 전쟁을 위한 전략적 수준의 전투적 중보기도

가 절실히 요구되고 있다. 구하는 자에게 열방과 열방의 재물을 약속하셨으며(시 2:8, 사 60:5), 예수 그리스도의 계시와(마 12:27, 계 1:1), 하나님을 아는 지혜와 계시의 정신(엡 1:17)을 주신다. 이 훈련의 목적은 전략적 중보기도를 통해 영적 전쟁인 선교에 직접 동참하며, 중보기도 사역자들을 양성하고, 열방구원의 마지막 추수 사역자들을 세우고 파송하는 데 있다.

영광학교(Glory School)

하나님의 영광은 그분 존재의 일부이며, 하시는 모든 것을 의미한다. 영광은 하나님께서 인간에게 능하신 일을 보여 주어 그분의 위대하심을 알리는 속성이다. 즉 보이지 않는 하나님의 현시력이다. 이 영광은 무겁고 빛나고 풍부한 위엄의 광채이며, 하나님의 아름다움이다(사 35:2). 모세는 "원하건대 주의 영광을 내게 보이소서"(출 33:18)라고 기도했고, 베드로와 요한과 야고보는 변화산에서 주님의 얼굴에 나타난 하나님의 영광을 보았다(마 17:2).

하나님께서 기뻐하시는 자에게 그분의 영광을 나타내신다. 하나님께서는 그분의 백성이 하나님의 영광에 참예하기를 원하신다(고후 3:18, 4:6). 더욱이 마지막 때에 이 영광이 하나님의 백성에게 부어질 것이며(사 60:1-3, 학 2:9), 큰 흑암이 땅을 덮을 것이나 영광이 더욱 증가하여 결국에는 여호와의 영광이 나타나 모든 육체가 그것을 함께 보게 될 것이다(사 40:5). 이 영광을 사모하고 체험하여 다가오는 도시와 열방 대추수를 위한 부흥과 영광의 문이 되는 훈련 과정이다.

　1. 서론 – 하나님의 영광
　2. 하나님의 얼굴과 영광을 구함 – 다윗의 장막
　3. 찬송과 영광
　4. 영광의 영역 경배

하나님의 리콜(Recall) 운동(하리운 목회자 컨퍼런스 – 영적 회복과 재충전)

20세기 최대 부흥을 이룬 한국 교회는 작금의 세속화와 영적 침체의 영향으로 분열과 쇠락의 국면에 접어들고 있다고 해도 과언이 아니다. 이제 한국 교회는 부흥보다 회복의 기치를 들어야 할 때다. 그리고 교회 회복은 목회자 회복이 우선되어야 하며, 목회자 회복은 거룩함과 능력의 회복을 전제로 이루어져야 한다. 하나님의 리콜 운동은 목회자들을 재소집하여 영적으로 재충전하는데 그 취지가 있다.

한편 교회 회복을 위한 3대 요소는 하나님의 불, 하나님의 영광, 하나님의 능력이다. 이 운동의 목적은 목회자들이 이 시대에 하나님께서 쓰시기에 합당한 거룩함과 능력을 구비하도록 준비시키는 데 있다. 이를 위해 목회자들이 하나님 음성을 듣고 그분과 친교를 맺을 수 있도록 훈련하며, 하나님의 불과 영광을 체험함으로 사역현장에서 나타나는 하나님의 능력이 되도록 하는 데 그 목적이 있다.

1. 부흥을 위한 기름 부으심
   기름 부으심/하나님과의 친교/하나님의 음성 듣기/꿈과 환상/하나님의 불/하나님의 영광
2. 도시와 열방을 위한 부흥의 문
   자아의 죽음/생각의 견고한 진 격파/거룩한 산제사/생명의 성령의 법/기다림과 안식/다스림/궁극적 사명 발견/엘리야의 영/아버지의 마음(하나님의 감동과 사랑)/영광의 문/예표의 사람

3. 부흥을 일으키는 권세와 능력

　다가온 하나님 나라/다윗의 열쇠/사도적 권세와 비전/사도적 믿음
과 능력/하나님의 군대를 일으킴/좌우에 날선 검(하나님의 말씀과
성령의 능력)/치유와 예언사역/아홉 가지 은사와 열매/지혜와 계시
의 영(일곱 영)

높은 곳에 다니게 하시는 은혜(높다은 사모 및 여성 사역자 세미나)

시편 68편 11절은 "주께서 말씀을 주시니 소식을 공포하는 여자들은 큰 무리라"
고 하였다. 창세기 3장 15절의 사탄의 권세를 멸할 인류 구원의 최초 약속이 여
자에게 주어졌다. "여자의 후손은 네 머리를 상하게 할 것이요." 이제는 목회자
의 아내와 여성 사역자가 마지막 시대 하나님의 비밀병기로 사용될 자신의 정체
성을 깨달아야 할 때다. 이를 위해 그들을 짓눌렀던 사탄의 거짓을 파쇄하고 하
나님께서 계획하신 본연의 부르심 앞에 서기 위해 높은 곳에 다니게 하시는 은
혜를 발견해야 한다.
"주 여호와는 나의 힘이시라 나의 발을 사슴과 같게 하사 나를 나의 높은 곳으로
다니게 하시리로다 이 노래는 지휘하는 사람을 위하여 내 수금에 맞춘 것이니
라"(합 3:19).
본 과정은 영적 정체성 발견과 회복, 궁극적 사명 발견을 돕기 위한 것이다.

여호와는 나의 힘/완전한 신뢰와 확신/생명의 길─기쁨과 즐거움/부족함이 없는
은혜/겟세마네에서 부활의 언덕으로/영의 기도, 영의 노래/여성─마지막 때를 위
한 하나님의 비밀병기/하나님의 보좌

킹덤 빌더즈 훈련 및 사역

1. 킹덤 빌더즈 훈련
2. 하나님의 음성 듣기 훈련
3. 꿈과 환상의 해석 훈련
4. 중보기도와 영적 전쟁
5. 치유 및 능력 사역 훈련
6. 목회자 리콜 운동(영적 재충전) 컨퍼런스
7. 1박 2일 '오픈 헤븐' 목회자 가족 산상 수련회
8. 사모 및 여성 사역자 높다은 컨퍼런스
9. 어린이 및 주일학교 교사를 위한 은사 사역 훈련
10. 교회와 나라를 위한 지역 연합 기도
11. 민족과 열방 부흥을 위한 각 나라 스타디움 기도회

그 외 요셉 축복–사업의 기름 부으심, 세계 선교와 하나님 나라 부흥, 세미나
및 개교회 부흥과 치유사역을 위한 믿음과 영적 성장, 영적 도약과 상승 집회.

훈련 및 집회 안내
하나님의 리콜 운동

경기도 부천시 소사로 184 302호

홈페이지_ www.hariun.com
유튜브_ 하리운 TV
전자우편_ globaldm2030@yahoo.com